外観、装飾、構造…の知的な見方・楽しみ方

この建築物が「凄い!」といわれる理由

ロム・インターナショナル

KAWADE
夢新書

河出書房新社

外観、装飾、構造…の知的な見方・楽しみ方

この建築物が「凄い!」といわれる理由

ロム・インターナショナル

KAWADE 夢新書

河出書房新社

カバー写真構成◉カズ・クリエイティブ
本文イラスト◉久保田晃司
◉山本サトル
写真提供◉イタリア政府観光局(E.N.I.T.)
◉英国政府観光庁
◉スペイン政府観光局
◉フランス政府観光局
◉鳥取県東京事務所
地図作成◉新井トレス研究所

世界の名建築の凄さを知る旅に出かけよう——まえがき

人類が文明の発展とともに住居をつくるようになって以来、世界各地でありとあらゆる建物がつくられてきた。住居や信仰の場などといった用途、地形や気候風土、手に入る建材、各民族の文化や芸術、周辺諸民族との関係など、さまざまな条件によって、歴史に名を残す、多種多様なすばらしい建物が生み出されてきたのである。

まず、外観を見れば、ユニークな外観の建物、特別な意図をもってつくられた外観の建物、圧倒的な存在感をもつ建物などがいろいろある。たとえば、インドの「ハワ・マハル（風の宮殿）」は、正面には出窓がぎっしり隙間《すきま》なく並んでおり、まるで衝立《ついたて》かなにかのようだ。こんな奇妙な外観の建物が、いったい何の目的でつくられたのだろうか？

また、それまでなかった新しい技術を生み出した建物や、遠いむかしにつくられながら、現代でも真似《まね》できないほどすぐれた技術が隠されている建物もある。たとえば、ロシアの針葉樹林地帯では、釘を一本も使わずに複雑な形の木造の聖堂がつくられた。現存するなかでも有名なプレオブラジェンスカヤ聖堂は、老朽化《ろうきゅうか》のために修理しようにも、専門家のだれにも修理方法がわからないというほどだ。

むかしの人々は、建物の建築材料にも驚くべきくふうをこらしてきた。たとえば、南米のチチカカ湖にあるウル族の住居は、家も、家が建つ土台の浮島も、なんと葦《あし》でつくられている。いったい、葦でどうやって家をつくるのだろう。そして、この住居にはどんな利点があるのだろうか。

建物そのものだけでなく、装飾などのディテールに目を向けたい建物も数多い。たとえばボロブドゥールの回廊の浮き彫り群、インドのタージ・マハルを飾る美しい白大理石や貴石、イランの古都イスファハンにあるマスジッド・イ・シャー（王のモスク）のみごとな鐘乳石《しょうにゅうせき》状装飾などは、見逃したくない芸術品だ。

本書では、こういったユニークな建物やすばらしい建物を、とりわけ注目して見たい点にポイントをおいてとりあげた。旅行などでこれらの建物を見る予定のある人は、事前に本書を読んでいれば、より深く、より細かな点まで観察でき、その「凄さ」を理解することができるだろう。

また、そのような旅行の予定のない人も、どうぞ本書で紙上旅行を楽しんで、人類の英知と創意工夫が産みだした建物の数々にふれていただければ幸いである。

ロム・インターナショナル

1 壮麗なスケールで迫る異色の外観

その前に立つ者を圧倒する――

3 優美で荘厳な空間づくりの妙

時が経つのも忘れてしまう──

4 どんな険しい場所もいとわない——不可能を可能にしたたくましき地形利用

5 絢爛華美な装飾の秘密
建造物というより、もはや芸術作品――

6 その風土と文化が素材を選ばせた——
あまりにも意外な建築材料の数々

7 激動の歴史を今日に伝える――古代建築に秘められた伝説とミステリー

クリフパレス（アメリカ/P124）
ティーピー（アメリカ/P159）
四合院（中国/P83）
三仏寺投入堂（日本/P117）
白川郷・五箇山の合掌造り（日本/P74）
平等院鳳凰堂（日本/P30）
「オンドル」式住居（韓国/P71）
客家の住居（中国/P36）
アンコールワット（カンボジア/P16）
バジャオ族の家（フィリピン/P120）
ロロ・ジョングラン（インドネシア/P183）
ボロブドゥール（インドネシア/P144）
ウシュマル遺跡（メキシコ/P148）
カスティヨ（メキシコ/P202）
ウル族の家（チチカカ湖/P156）
マチュ・ピチュ（ペルー/P107）
モアイ像（チリ/P192）

世界の建築物MAP INDEX

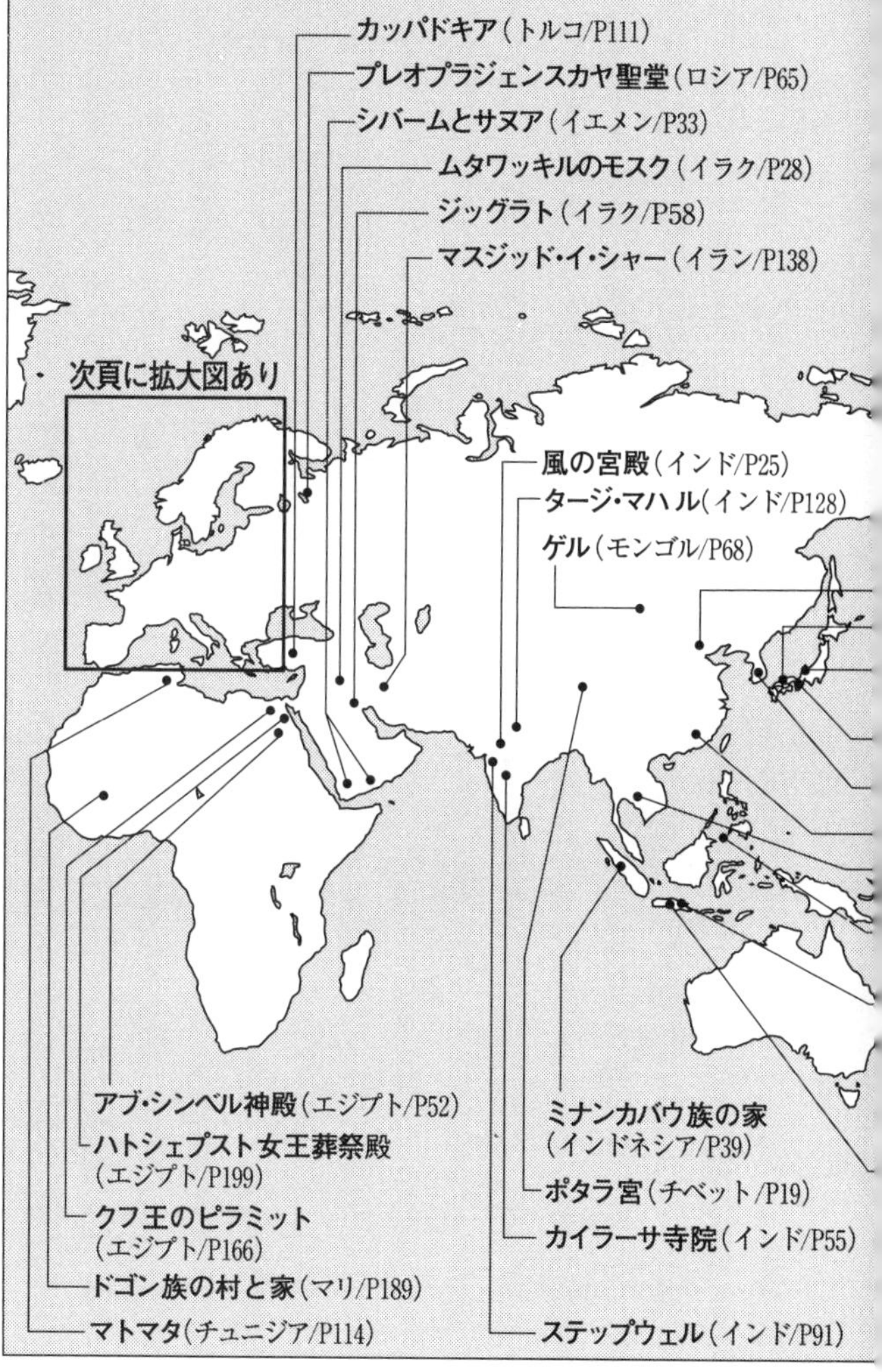
カッパドキア（トルコ/P111）
プレオプラジェンスカヤ聖堂（ロシア/P65）
シバームとサヌア（イエメン/P33）
ムタワッキルのモスク（イラク/P28）
ジッグラト（イラク/P58）
マスジッド・イ・シャー（イラン/P138）
次頁に拡大図あり
風の宮殿（インド/P25）
タージ・マハル（インド/P128）
ゲル（モンゴル/P68）
アブ・シンベル神殿（エジプト/P52）
ハトシェプスト女王葬祭殿（エジプト/P199）
クフ王のピラミッド（エジプト/P166）
ドゴン族の村と家（マリ/P189）
マトマタ（チュニジア/P114）
ミナンカバウ族の家（インドネシア/P39）
ポタラ宮（チベット/P19）
カイラーサ寺院（インド/P55）
ステップウェル（インド/P91）

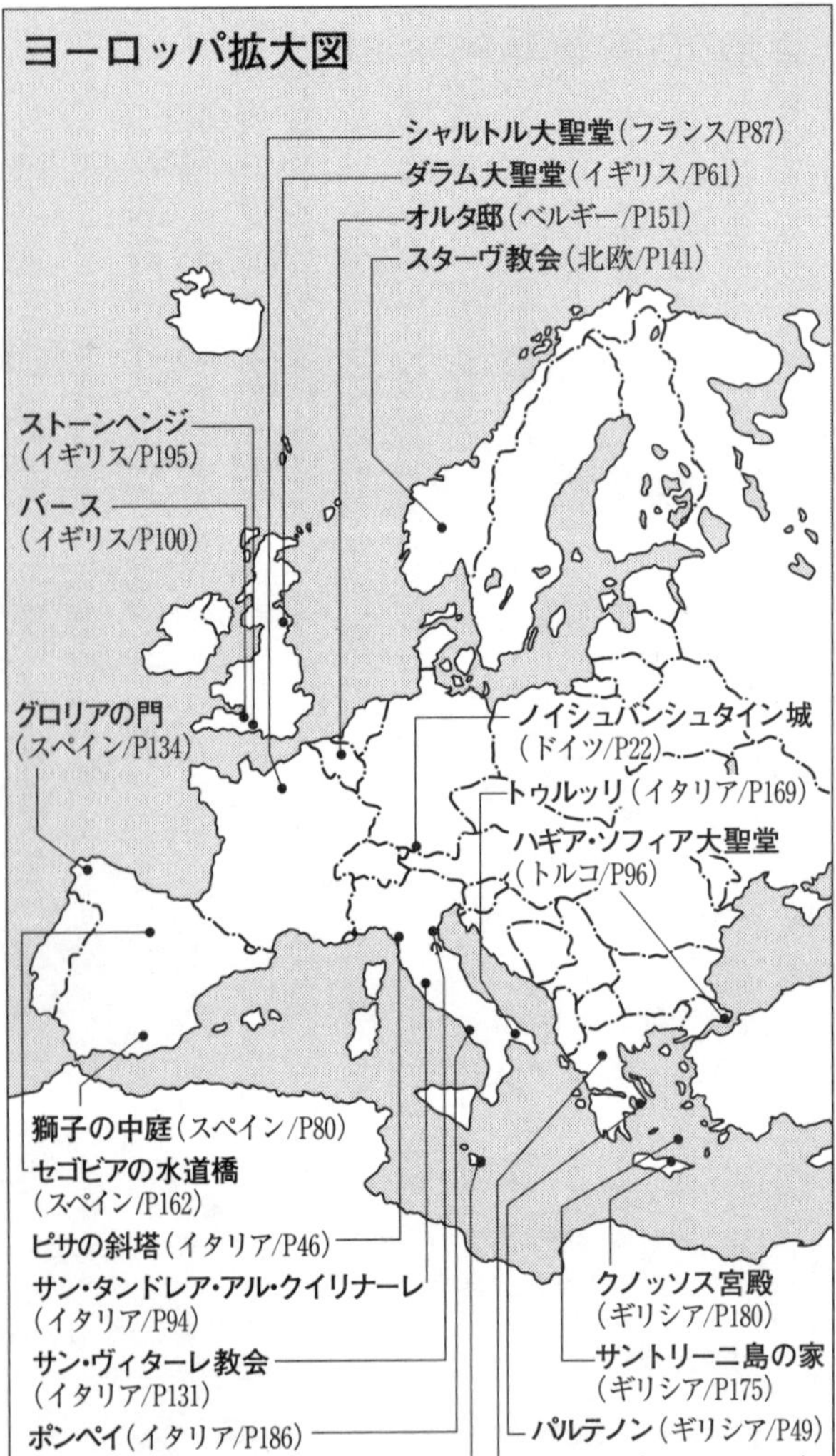
ヨーロッパ拡大図
シャルトル大聖堂（フランス/P87）
ダラム大聖堂（イギリス/P61）
オルタ邸（ベルギー/P151）
スターヴ教会（北欧/P141）
ストーンヘンジ（イギリス/P195）
バース（イギリス/P100）
グロリアの門（スペイン/P134）
ノイシュバンシュタイン城（ドイツ/P22）
トゥルッリ（イタリア/P169）
ハギア・ソフィア大聖堂（トルコ/P96）
獅子の中庭（スペイン/P80）
セゴビアの水道橋（スペイン/P162）
ピサの斜塔（イタリア/P46）
サン・タンドレア・アル・クイリナーレ（イタリア/P94）
サン・ヴィターレ教会（イタリア/P131）
ポンペイ（イタリア/P186）
バレッタ（マルタ/P172）
クノッソス宮殿（ギリシア/P180）
サントリーニ島の家（ギリシア/P175）
パルテノン（ギリシア/P49）
メテオラ（ギリシア/P104）

1

その前に立つ者を圧倒する――

壮麗なスケールで迫る異色の外観

〈カンボジア〉アンコールワット　ヒンドゥー教のダイナミックな宇宙観を地上に再現

カンボジア北部のジャングルのなかに、クメール文明の遺産、アンコールワットがある。クメールの王スールヤバルマン二世（在位一一一三〜一一五〇年）が、一一一三年に即位してまもなく建設を開始し、三〇年以上の歳月を要して完成したヒンドゥー教寺院（のちに仏教寺院に）である。ヒンドゥー教のヴィシュヌ神に捧げられた寺院で、国家的祭祀《さいし》の場だったとも、王の墳墓《ふんぼ》だったとも、その両方の用途があったともいわれている。

アンコールワットは、東西一・五キロ、南北一・三キロの広大な敷地の周囲を環濠《かんごう》が取り巻いている。その内側に、東西一キロ、南北八一五メートルの周壁をめぐらし、内側には伽藍《がらん》がある。

伽藍は、中央祠堂のまわりを三重の回廊《かいろう》が取り巻いた構造で、回廊にはインドの神話や叙事詩《じょじし》を題材にした浮き彫りがほどこされている。

三重の回廊のうち、もっとも外側の第一回廊は、東西二〇〇メートル、南北一八〇メートルで、高さ約四〜五メートルのテラスの上にある。第二回廊は、東西一一五メートル、南北一〇〇メートルで、第一回廊より約八メートル高い場所にある。第三回廊は一辺約六

アンコールワット正面図

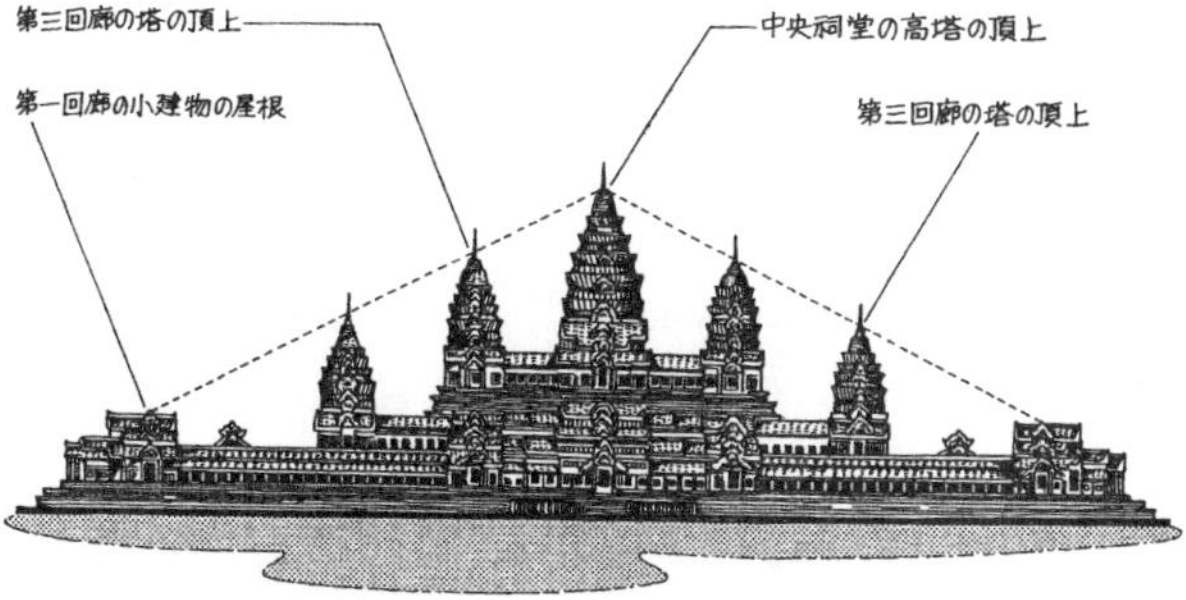

屋根や塔を結んだ全体の外形が左右に大きく広がった二等辺三角形になる。

○メートルの方形で、第二回廊より約一三メートル高いところに位置している。つまり、三重の回廊は、内側にいくほど高くなっている。

そして、第一回廊の四隅には小建物、第二回廊の四隅には上部が欠けた塔、第三回廊の四隅と中央祠堂には、「クメール型」と呼ばれる砲弾か麦の穂のような形の高塔がそびえる。もっとも高い中央祠堂の塔は、地上から六五メートルに達する。

アンコールワットでは、まずこの外観に注目したい。この外観には大きな意味があるからだ。

まず、アンコールワットの中央祠堂と第三回廊の四隅の高塔は須弥山《しゅみせん》をあらわしたものとされ、周壁はヒマラヤの山々、敷地を囲む濠《ほり》は大洋を表現しているといわれている。

須弥山は、ヒンドゥー教では世界の中心にあるとされている山で、神々の住まう聖なる山でもある。ヒンドゥー教の宇宙観では、世界は須弥山を中心に大陸と海が配されているが、中心ほど高くて周縁部にいくほど低くなるアンコールワットの構造は、まさしくこのヒンドゥー教の宇宙観を地上に再現したものなのである。

アンコールワットのこの構造は、王権の象徴でもあった。クメールは、王をヒンドゥー教のヴィシュヌ神と同一化して神権政治をおこなった王国であり、神々の住む須弥山を模した寺院は、神の化身である王が世界の中心に君臨していることをあらわしていたともいえる。

アンコールワットの外観を見るときには、塔の高さにも注目したい。中央祠堂の高塔の頂上から、第三回廊の塔の頂上、第二回廊の塔の頂上、第一回廊の隅にある小建物の屋根を結ぶ線を引いてみると、ほぼ一直線となる。屋根や塔を結んだ全体の外形が、中央祠堂の高塔を頂点にして左右に大きく広がった二等辺三角形になるよう、巧妙に計算されて設計されているのである。

一直線に本殿正面につづく参道に立つと、両脇には七つの頭をもつ蛇神ナーガをあらわした欄干《らんかん》が配され、訪れる人を迎えてくれる。

やはり、ここから全景を眺めた瞬間がいちばん感慨深い。とくに、日の出と夕日の時刻に合わせて訪れたい。

〈チベット〉ポタラ宮
ダライ・ラマの権力を象徴する世界最大級の建築物

現在は中国の領土とされているチベットは、一九五九年にダライ・ラマ一四世が中国政府に追われてインドに亡命するまで、ダライ・ラマが政治と宗教の頂点に立って治めていた。その歴代ダライ・ラマの宮殿で、チベットの政治と宗教の中心だったのが、ラサにあるポタラ宮である。

ポタラ宮は、ラサ市街を睥睨《へいげい》するかのように、紅山の山腹に立っている。自然の山の斜面を利用し、山麓《さんろく》から山頂まで建物群がひとつづきになって建っているため、建物の各部分はそれほど高層でなくても、おそろしく高い超高層の建物に見える。

中心建築は、実際は九層だが、外観は陸屋根によって一三層に見えるようにつくられており、とくに南面から眺めると、山麓から立ち上がった底部と合わさってそれ以上の高さに見えるほどだ。東西の長さは三六〇メートル以上、全高一一七メートル、総面積一〇万平方メートル以上という、世界でも最大級の建築物である。

あまりの壮大さのため、全貌《ぜんぼう》を眺めたければ、少し離れたところに移動して見るしかない。距離をおいてもなお、見る者を圧倒するほどの存在感がある。

チベットでは、かつてはこのような目立つ場所に宗教建築物を建てるのは一般的でなかった。山の陰に隠れるようにして僧院を営むのが伝統だった。

ところが、政教合一の権力を掌握《しょうあく》したダライ・ラマ五世が、一七世紀にはじめて丘の頂上にいくつかの僧院を建て、さらにラサ市街を見下ろすポタラ宮を建造したのだ。その後、歴代ダライ・ラマによって増築がえんえんと重ねられ、現在のような大規模な宮殿となったのである。

ダライ・ラマ五世がポタラ宮造営の地として紅山の山上を選んだのは、チベットに仏教を取り入れた七世紀のソンチェン・ガンポ王の宮殿がこの地にあったからだという。観音《かんのん》菩《ぼ》薩《さつ》の化身としてたたえられてきたソンチェン・ガンポ王の宮殿《きゅうでん》址《し》に自分の宮殿を営むことにより、その正当な後継者であることを示そうとしたのである。

ポタラ宮という名も、観音菩薩の住む極楽浄土を意味するサンスクリット語の「ポータラカ」に由来する。ダライ・ラマ五世は、自分の住まいを観音菩薩の住まいになぞらえたようである。

また、山腹を覆い尽くすようにして都の街並みを見下ろす宮殿は、政治と宗教の両面にわたるダライ・ラマの権力を象徴するものでもあった。

このポタラ宮の存在感をさらに増しているのが、チベット建築の特徴となっている壁面の造りだ。ポタラ宮の壁面を注意して見るとよい。壁面は下ほど広く、上にいくほど狭くなっている。そのため、下に立って見上げれば、宮殿はいっそう高く、天空にまで届いているかのように見える。壁面をこのように内側に向かって傾斜させるのは、チベットでは最古の建築から見られる特徴だ。

天空に伸びるかのようなイメージをさらに増幅させているのが、ポタラ宮の両端にひとつずつ設《もう》けられた櫓《やぐら》。この左右の櫓は「ポタラ宮の翼」と呼ばれ、予言にある大洪水が起こったとき、この両翼が宮殿を水中から引き上げるという伝説がある。

この壮大さとともに、ポタラ宮の外観で注目したいのが色彩の美しさだ。白宮の壁は白、赤宮の壁は赤、屋根の頂には黄金の飾りがきらめく。赤い壁には黒いカーテンが見え、白壁の窓は黒く縁取りされている。窓の黒い縁取りは、他の寺院などでも見られるチベット建築の特徴で、アルカ（モルタル）に墨《すみ》を混ぜたもので黒く磨きだす。ポタラ宮はこうした色彩のコントラストがひじょうに美しい。

〈ドイツ〉ノイシュバンシュタイン城

国家財政を傾けてまでつくられた「おとぎの城」

ドイツの観光名所として人気の高いノイシュバンシュタイン城（新白鳥城）は、ロマンチック街道の終点、オーストリアとの国境近くの岩山の上にそびえ立っている。一見、中世の城のように思えるが、築城したのは一九世紀のバイエルン国王ルートヴィヒ二世（在位一八六四〜一八八六年）である。

この築城によってバイエルンの国家財政は逼迫《ひっぱく》し、それが一因となって、ルートヴィヒ二世はノイシュバンシュタイン城に移り住んでわずか一〇〇日で王位から追われ、別の離宮に幽閉されることになった。

なぜ一九世紀の王が、国家財政を傾けてまで、中世風の城を築こうと考えたのか、それがこの城を鑑賞するときのポイントになる。

ルートヴィヒ二世は、少年時代、父のマクシミリアン二世（在位一八四八〜一八六四年）がアルプ湖畔に建てたホーエンシュバンガウ城で過ごすことが多かった。シュバンガウとは「白鳥の里」の意味である。白鳥の名をもつ城館で暮らす王子は、いつしか中世の伝説に登場する白鳥の騎士にあこがれるようになっていった。

23 壮麗なスケールで迫る異色の外観

オーストリアとの国境近くの岩山にそびえ立つ「おとぎの国の城」ノイシュバンシュタイン城。

やがて一五歳のとき、彼は白鳥の騎士を題材にしたリヒャルト・ワーグナーのオペラ『ローエングリン』を見て感動する。ワーグナーの熱狂的なファンとなったルートヴィヒは、即位をするとさっそく、生活苦にあえいでいたワーグナーを呼び寄せ、惜しみなく援助したのだ。

ルートヴィヒ二世はしだいに、白鳥の騎士が訪れるのにふさわしいような中世風の城を建てたいと考えるようになる。中世の城そのものというより、白鳥の騎士などの中世の伝説や、その他のワーグナーのオペラの世界が似合うような、おとぎの国の城をつくろうとしたのである。その集大成がこのノイシュバンシュタイン城なのである。

ノイシュバンシュタイン城では、まず、おとぎの国を思わせる外観や、白鳥が天に向かって首をのばしているように見える白い尖塔《せんとう》に注目したい。ルートヴィヒ二世がいかに白鳥の騎士伝説やおとぎの国にあこがれていたかがよくわかるだろう。この城のデザインは、国王みずから熱中して取り組んだといわれている。

また、城を眺めるときは、見る角度を変えてみたい。この城には、ロマネスク様式とゴシック様式に加え、ルネサンス様式やネオクラシック様式など(各様式については43頁参照)、さまざまな様式が配されており、訪れた人をイメージの違う世界へと引きずり込む。この変化は、この世のものとは思えないほどじつに幻想的で、おとぎの国の城というイメージをいっそう強めてくれる。

さらに内部を見ても、ルートヴィヒ二世の伝説へのあこがれやワーグナーへの傾倒ぶりがわかる。

城内の部屋のひとつひとつは、壁面にワーグナーのオペラや楽劇に題材をとった絵が飾られ、それぞれ、「ローエングリンの間」「タンホイザーの間」「パルツィファルの間」「トリスタンとイゾルデの間」……というふうに呼ばれている。台所の片隅の蛇口《じゃぐち》にいたるまで、白鳥のモチーフが用いられているところにも、白鳥の騎士へのあこがれがうかがえる。そのうえこの城には、人工の洞窟《どうくつ》までがつくられているのである。おとぎの国をめざして力を注ぎ込んだルートヴィヒ二世の姿が目に浮かぶようだ。

アメリカのディズニー・ワールドのマジックキングダムは、この城館のデザインに影響を受けてつくられているが、現実離れした空想の世界というのは、やはり現代人を引き込む魅力がある。

そして極《きわ》め付きは、ルートヴィヒ二世がこの夢の館に住むことができたのはわずか一〇〇日間だったという、歴史の事実である。まもなく非業《ひごう》の死をとげることになる国王に思いをはせて城をめぐれば、人の世のはかなさにも出合うことにもなる。夢と現実が交錯《こうさく》するふしぎな空間が、この建築物の見所だろう。

〈インド〉風の宮殿 正面を飾る無数の出窓は何のためにつくられた？

インドのラージャスターン州の州都ジャイプールには、「ハワ・マハル（風の宮殿）」と呼ばれる風変わりな宮殿がある。一七九九年、マハーラージャ（藩王）のマードー・スィンフ一世（一七五一〜一七六八年）が宮殿区域の南東部に建てたものだが、外観を見るかぎり、あまり宮殿らしくない。

この宮殿は、黄土《おうど》色の砂岩でつくられてピンクに塗られた五階建ての建物で、東が正面となっているのだが、この正面は、庭園も広場もなく人通りの多い道路に面している。そ

建物の正面が出窓のみでできている「風の宮殿」。まるで衝立のようだ。

のうえ、正面には、透《す》かし彫りのスクリーンをもつ出窓が上下左右にびっしり並ぶという、なんとも奇妙な外観なのだ。

正面から見るだけでもユニークなデザインの宮殿だが、これだけで驚いてはいけない。正面から内側にまわりこんでみると、幅の広さに対して、奥行きがあきれるほど浅く、宮殿全体がほとんど出窓のみでできていることがわかる。まるで衝立《ついたて》のような建物だといっていい。

マードー・スィンフ一世は、いったい何のために、このような風変わりな宮殿をつくったのだろうか。

この宮殿は、宮廷に住む女性たちのために建てたものだった。

人前にみだりに姿を見せるわけにはいかない宮廷の女性たちも、祭りのときには通りを練り歩くパレードを見物したいし、ときには街のようすを眺めたい。それが許されず、外部との接点なしに宮廷内で毎日を過ごすとなれば、息が詰まるような生活に違いない。

おそらくマードー・スィンフ一世は、それでは女性たちがかわいそうだと考えたのだろう。宮廷の女性たちが、外から姿を見られずに、祭りのパレードや街のようすをのぞき見ることができるように、この風の宮殿を建てたのである。

この宮殿のつくりをよく見たければ、ラセン階段から最上階に上ってみるといい。衝立のような形をしているのがよくわかる。また、屋根を見れば、出窓でできた各部屋がそれぞれドーム型の小さな屋根をもち、それが高低差をつけて並び、全体として上部が円弧《えんこ》を描いていることもよくわかる。

さらに内部に入って、外をのぞいてみたい。石を格子《こうし》状に透かし彫りにしたスクリーン越しに、街のようすを見下ろすことができる。この出窓は「ジャロカー」、透かし彫りのスクリーンは「ジャーリー」と呼ばれている。ジャーリーは、ブラインドかレースのカーテンのように、太陽の光と外部からの視線をさえぎってくれる。

ひとつひとつのジャロカーは、ひとり用から数人用ぐらいの大きさで、風の宮殿の呼び名どおり、そこに立つと涼しい風が吹きこんで心地いい。ここから街を見下ろせば、快適さを考慮して建てられたこの宮殿で、かつて宮廷の女性たちが街やパレードをのぞき見ていた姿が想像できるだろう。

〈イラク〉ムタワッキルのモスク
ラセン状の塔を携えた世界最大のモスク

イラクのサーマッラーは、イスラム帝国のアッバース朝が八三六年から八九二年まで首都としていた都市で、アッバース朝は数々の大規模な建物を建ててきた。その頂点ともいえるのが、ムタワッキルのモスクである。

ムタワッキルのモスクは、八四八年から八五二年にかけてカリフ（イスラム世界の最高権威者の称号）のムタワッキルが建設したもので、イスラム教のモスクのなかで世界最大規模を誇《ほこ》る。建物本体は現在では崩れ去り、焼成《しょうせい》レンガ造りの周壁が残されるのみとなっているのだが、この周壁は、長辺二四〇メートル、短辺一五六メートルもある。周壁の外側には四四本の半円形の櫓《やぐら》が立ち並び、そのため、外観はまるで城壁のように見えるが、これは城壁ではなくてモスクの建物の壁なのである。

建物の外には庭があり、敷地全体は、長辺四四〇メートル、短辺三七六メートルにのぼる。じつに広大な祈りの場だ。

ムタワッキルのモスクでとくに見所なのが、モスクの建物の北側にあるミナレット（塔《とう》）だ。崩壊しているモスクの建物と違い、このミナレットは現在も残されており、しかもじ

29 壮麗なスケールで迫る
異色の外観

つにユニークな外観をしている。

このミナレットは、ほかのモスクのミナレットとはずいぶん形や印象が異なり、一見したところミナレットには見えない。モスクの北側の中央門と斜面路で結ばれた方形の基壇《きだん》の上に円錐《えんすい》形の塔が建ち、その周囲をラセン形の通路がめぐっており、まるでカタツムリの殻《から》を縦に長く引き伸ばしたような形だ。その形状から「マルウィーヤ（ラセン）」と呼ばれている塔で、高さは地上から五五メートルに達し、頂部へ上ることができる。

マルウィーヤを見たとき、『旧約聖書』に登場する伝説のバベルの塔を連想する人も多いことだろう。

バベルの塔のモデルとなったのは、バビロンをはじめ古代メソポタミア各地に築かれたジッグラトと呼ばれる塔だが、このジッグラトは一二世紀ごろまで見ることができた。ムタワッキルのモスクとマルウィーヤが建てられたのは九世紀だから、この塔の設計者はジッグラトを実際に目にする機会があったと考えられている。

このジッグラトの影響でマルウィーヤがつくられたのだろうというのが、現在の有力説である。

ただし、ジッグラトはふつう、方形の塔にラセン状の斜路がついた形をしている。マルウィーヤはジッグラトをそのまま真似《まね》たのではなく、独創的なアレンジを加えたもののようだ。

〈日本〉平等院鳳凰堂 現世に極楽浄土を再現した藤原氏の栄華を伝える建築物

京都府宇治《うじ》市にある平等院は、藤原氏の別荘を藤原道長の子の頼通《よりみち》が寺院に改めたもので、平安時代の藤原氏の栄華《えいが》をいまに伝える建築物として名高い。この平等院内に一〇五三年に建てられた阿弥陀《あみだ》堂が鳳凰《ほうおう》堂である。

鳳凰堂は、宇治川の水を引いてつくった池の中島に建てられた阿弥陀堂で、独特の建築構造で建てられている。中央に主建築があり、翼廊《よくろう》がその左右から出て直角に前に曲がり、その曲がり角かまたは前端に左右それぞれ楼閣《ろうかく》があって、全体はコの字形になっている建

平等院鳳凰堂俯瞰図《ふかんず》

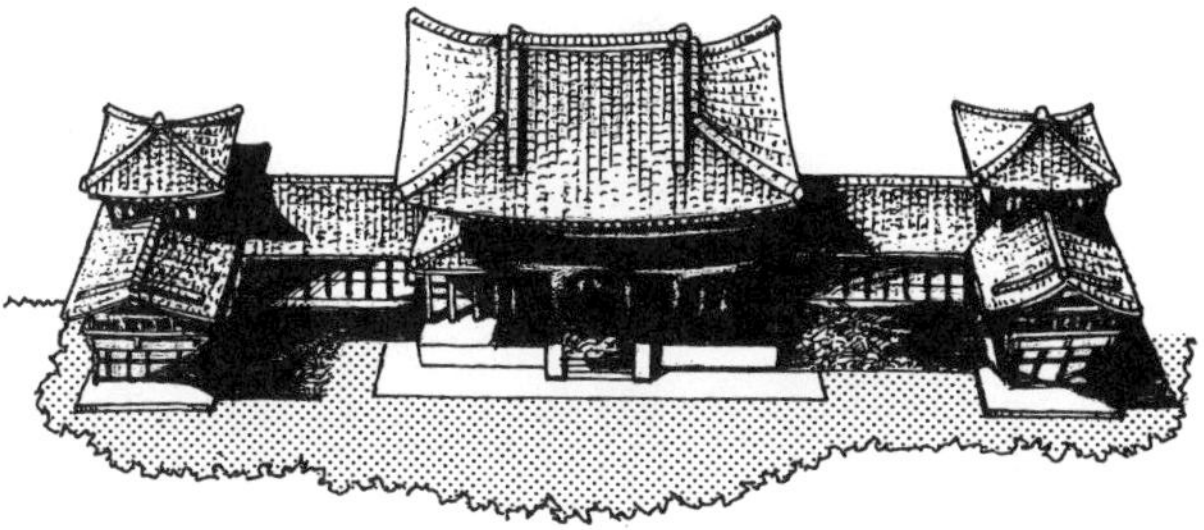

中央に主建築があり翼廊がその左右から出て直角に前に曲がる。全体はコの字形になる。

築構造である。

平安時代、このような寺院はいくつも建てられたが、現存しているのは鳳凰堂だけである。

このようなデザインは極楽浄土《ごくらくじょうど》を再現しているためだといわれている。

極楽浄土は、仏教の阿弥陀信仰で阿弥陀如来《にょらい》が住むとされている世界で、阿弥陀仏の心のすべてを完成させた世界という。たとえようもなく美しいところで、宝石で飾られた御殿や楼閣、蓮《はす》の花が咲く池があり、天人たちが奏《かな》でる心地よい音楽が流れているとされている。

平安時代には阿弥陀信仰、とくに浄土信仰がさかんになり、平安貴族たちは死後に極楽浄土に迎えられることを願ったのだ。

極楽浄土を描いた図は、おそらくは中国から数多くもたらされたものを手本に、日本でも描かれたが、そこには、蓮池に浮かぶ宮殿に阿弥陀如来がすわり、両脇に翼廊が延びている絵が見られる。

藤原頼通は、この極楽浄土を地上に再現したいと望み、蓮池に浮かんで見える阿弥陀堂を建てたといわれている。

鳳凰堂は主建築を正面から見ることを念頭においたデザインで、左右に翼廊が出ており、浄土図に描かれた阿弥陀如来の宮殿によくあてはまる。浄土を再現するのにうってつけで、しかも当時、さかんに用いられた様式でもあった。

同じような様式の寺院のなかでも、鳳凰堂はとくに正面から見るという絵画的な特徴が強い。だから、鳳凰堂を鑑賞するときは、まず、池をはさんだ真正面から眺めたい。そこには鎌倉時代まで小御所と呼ばれる建物があり、皇族や貴族が鳳凰堂を鑑賞するために用いられていた場所である。

池の対岸から見て、蓮の花の咲く池の上に鳳凰堂の美しい建物が浮かんで見える光景が、平安時代の上流階級の人々が考えた極楽浄土の光景だったのだ。

鳳凰堂が正面から見るための建物だというのは、翼廊に注目してもわかる。曲がり角に楼閣をもつ左右の翼廊は、その上を歩くようにはできていない。また、翼廊の前方への突き出し部分はごく短く、寺院としてはひじょうに奥行きの浅い建物である。これも、正面から見ることを想定したつくりだからだといえる。

シバーム〈イエメン〉とサヌア
中世に築かれた高層建築が並ぶ世界最古の摩天楼都市

アラビア半島のイエメンの首都サヌア旧市街や、その東五〇〇キロほどの砂漠にある城《じょう》塞《さい》都市シバームには、独特の外装を別にすれば、一見、現代のビルのような形をした建物が立ち並ぶ。高いものでは八～一〇階建てにおよぶ四角い高層建築が、オフィスビル街のようにぎっしりとひしめいている。

外形は現代都市のビルのようだが、素材は独特だ。建物の外壁は、低層は石積み、高層は日干しレンガで、窓は白い漆喰《しっくい》で縁取られ、最下部と最上部も、雨水による浸食を防ぐために石灰《せっかい》で白く塗装されている。くすんだ茶色のレンガと白とのコントラストがエキゾチックで美しい。

この両都市と高層建築の歴史は古い。まず、サヌアは、『旧約聖書』に登場するシバの女王のシバ王国があったところで、「人類が住みつづけている世界最古の町」といわれている。もう一方のシバームは、紀元前四五〇年ごろに誕生したハドラマウト王国の都市だ。いずれも、かつては乳香《にゅうこう》（カンラン科の乳香樹からとれる樹脂）の産地を通る交易路の要衝《ようしょう》に位置し、交易によって繁栄した都市である。

レンガ造りの高層建築が立ち並ぶサヌアの街。まさに「世界最古の摩天楼都市」の名にふさわしい。

シバームでもサヌアでも、現存する高層住宅のうち古いものは、四〇〇年ほどの歳月を経ている。一六世紀という中世に、一般の人々の住居として八〜一〇階もの高層建築が林立していた都市はほかにないだろう。そのため、この両都市は、「世界最古の摩天楼《まてんろう》都市」とも呼ばれている。

鉄筋コンクリートなどなかった時代に、高層建築を多数建造した技術と労力はたいへんなものだっただろうと思われるが、これほどの高層建築をつくった大きな理由は、外敵を防ぐためにほかならない。

交通の要衝に位置するだけに、イエメンは外国の侵略を何度も受けた。そのため、外敵の侵入に備えて高層住宅を建てたのだ。

これには、建物の使い方に注目してみるとよい。建物は、一階または一〜二階が倉庫や家畜用で、二階または三階以上が住宅となっている。人々は、いざ戦いになったときのために危険な下層階を倉庫や家畜用にして、比較的安全な上層階を住居としたのである。

もうひとつ、最上階にも注意して見るとよい。最上階の一～二層にはテラスが設けられ、テラスには女性たちが顔を見られずに下の通りをのぞき見ることのできるのぞき穴がある。また、地上階に下りずに隣家に行ける通路も設けられている。

このテラスののぞき穴は、おそらく非常時には、敵が家に侵入してこないか見張るのに用いられたことだろう。隣家に行ける通路も、敵が家に侵入してきたとき、逃げるのに役立ったに違いない。

イエメンの人々がつねに臨戦態勢にあったことは、シバームの背後にそびえる岩山に目を向ければわかる。約五〇〇メートルの高さの岩山の頂上に、シバームと同時に建設されたふたご都市コーカバンがある。このコーカバンは戦闘のための都市で、住民たちはシバームから生活物資を受けて暮らしていた。そのかわり、シバームの人々は外敵が迫ったとき、岩山をよじ登って、コーカバンに助けを求めたのである。

豊かな交易都市のシバームやサヌアはこれほど他国の侵略を受けやすく、そこに生きる人々にとって、高層住宅はできるかぎりの安全を確保するための砦《とりで》でもあったのだ。

このほか、とくにシバームの場合、建物の高層化には住宅事情という理由もあったようだ。シバームのあるワディ・ハドラマートは、全長二〇〇キロ、幅は広いところで一五キロという広大な涸《か》れ谷で、ふだんは砂漠地帯だが、雨期には大洪水を起こす。洪水対策として、シバームは人工の土手の上に築かれており、そうなれば面積にかぎりがある。そのため、人口増加にともなって建物がいっそう高くなったともいわれている。

レンガ造りの高層建築が夕日を浴びると、よりいっそう、輝きを増す。昼間はくすんだ茶色に歴史の重みを感じさせた古建築が生き生きと生彩を放ちだし、また違った美しさが発見できる。

〈中国〉客家の住居
外敵からの攻撃を防ぐ城砦としての住居

中国の福建省と江西省と広東省の省境周辺の山間部一帯には、客家《ハッカ》と呼ばれる人々が大勢住んでいる。客家は漢民族の一系で、「土楼《トウロウ》」とか「環形土楼」とか「客家民居《ミンチー》」と呼ばれる独特の住居をつくりだした。

この住居は、中心部が庭になっていて、その周囲を建物がぐるりと取り巻いた構造の集合住宅で、同姓の一族が集団で居住する。形は、円形や方形のものが多いが、なかには五

角形や八角形といったユニークな土楼もある。土楼の形は風水師の判断で決められるため、円形と方形の土楼が混在している村が多い。

土楼の住居部分は木造だが、外部に面した壁は生土《シュントウ》で覆われている。生土とは、自然のままで焼成していない土のこと。この生土の塊《かたまり》を木の型枠に入れて突き固め、積み上げて壁をつくる。そのとき、補強のために各段ごとに丸竹と割竹を入れる。「土楼」の呼び名はこの生土の外壁からつけられたものだ。生土の外壁に小さな窓が点在する外観は、ひどく殺風景に見える。

ところが、外観とは裏腹《うらはら》に、ひとつの土楼に住む人数は驚くほど多くてにぎやかこの上ない。現存する最大の土楼は、福建省永定県にある承啓楼で、最盛期にはなんと六〇〇人以上が暮らしていたという。

客家がこのような集団住居をつくったのには、理由がある。

客家は、古くは漢民族の故郷である黄河中流域の中原地帯に住んでいたが、四〜五世紀ごろから、北方騎馬民族の襲撃を避けるためなどの理由で数回にわたって南に移動してゆき、一二〜一三世紀ごろに現在の地に落ち着いた。「客家」と呼ばれるようになったのも、この地の先住民族から見ると遅れてやってきた客人だったからというわけだ。

彼らが移住してきたころ、この地域は無法地帯となっており、客家たちは、先住民族や賊などから身を守るために、まず団結する必要があった。そこで彼らは、自分たち漢民族の囲み型の住居と土着の城塞建築を融合させ、外敵からの防衛に適した城塞のような住居を生み出したのである。へんぴな山間部を居住地としたのも、外敵から身を守り、独立を保つのに適していたからだろう。

この歴史を知ったうえで土楼を見ると、客家たちの苦心のほどがわかり、納得がいく。

土楼の出入り口はただ一か所の大門《タアメン》という門だけで、敵が来襲しても、ここを閉ざしてしまえば侵入しようがない。敵が住居を破壊しようとしても、根元の厚さが一メートル以上もある生土の外壁はそう容易には崩れないだろう。一階の部屋には外壁に窓がないので、窓から侵入される心配はない。上層階には小さな縦長の窓があり、ここから石を落とすなどして敵を攻撃することもできる。

一見殺風景な外観も、まさにここが外敵から身を守って生き延びるための砦であったことが実感できる。

さらに、大門を通ってなかに入ると、ここが戦闘のためだけの砦ではなく、やはり住居だと納得する。外見とは一転して、落ち着いた雰囲気の美しい木造家屋となっているからだ。

建物の内部を見るときには、居室が同じ広さに部屋割りされている点にも注目したい。土楼は縦方向に同じ広さに区分けされて各家族に与えられる。円形の土楼閣なら、各家族は同じ広さの扇《おうぎ》形の区画に住むこととなる。上階と下階の差や広さなどで不公平が起こらないようにという配慮がうかがえる。

一族で団結して自衛しなければならない土地に暮らすうえで、一族のあいだで争いが起こるのを防ぐための知恵だろう。

〈インドネシア〉ミナンカバウ族の家
水牛の角を模した独特の屋根をもつ家

インドネシアのスマトラ島の西スマトラ州は、人口の大多数をミナンカバウ族が占めている。このミナンカバウ族の住居や公共建築物は、屋根の形が独特だ。てっぺんが反《そ》り返

空に向かって高く突き出すミナンカバウ族の家の屋根は、動物の角を連想させる。

り、その両端が空に向かって高く突き出して、馬の鞍《くら》か動物の角《つの》を連想させるような形である。

　この屋根は、「鞍形屋根」と呼ばれたり、「ゴンジョン屋根」と呼ばれたりしている。「ゴンジョン」とは「急《きゅう》勾配《こうばい》で尖《とが》っている」という意味だ。

　どうしてミナンカバウ族の建物は、こういう風変わりな形をしているのだろうか？

　伝説によると、そのむかし、スマトラ中部の西海岸にミナンカバウ族の王国があった時代、ジャワ島の軍勢が攻め込んできたという。流血を避けるため、ジャワ人とミナンカバウ族は水牛を闘わせて勝敗を決めることになり、ミナンカバウ族の水牛が勝利を収めた。この勝利を記念して、ミナンカバウ族は、住居の屋根を水牛の角に模してつくるようになったのだといわれている。

　また一説によると、「ミナンカバウ」という種族名も、「ミナン（勝利する）」と「クルバウ（水牛）」が語源になっているという。

ミナンカバウ族の村を訪れたときには、六本の角をもつ大きな民家を探して注目してみたい。ミナンカバウ族の家は、現在では核家族が住む小さな家が多くなったが、本来は「ルマ・ガダン（大きな家）」と呼ばれるこの種の家のなかでも、やはり六本角の家が圧巻だからだ。

六本角の家はルマ・パジャンガンといわれ、正面から見ると横長のほぼ長方形の高床式の家で、正面中央に入り口がある。六本の角をもつゴンジョン屋根は、いまではトタン屋根の家も多いが、古くからの伝統では、サトウヤシの葉鞘《ようしょう》のイジュクと呼ばれる繊維で葺《ふ》いていたようだ。

屋内には、「ビリッ」と呼ばれる部屋が複数あって、各ビリッには一族の既婚の女性が夫や子供とともに住む。ミナンカバウ族は母系制社会で、現存する母系社会のなかで世界最大の人口をもっているのである。

ミナンカバウ族の伝統では、親の土地や家屋は娘たちが共同で相続する。娘は結婚しても親の家にとどまり、夜にはそれぞれのもとに夫がやってくる。ときには、祖母の世代、母親の世代、娘の世代と、何代かにわたって姉妹が一軒の家に住むこともある。その既婚女性たちの部屋が横に一列に並ぶ構造のため、ルマ・ガダンは横長な大きな家となっていたのだ。

水牛の角のようなゴンジョン屋根は、もとはこのルマ・ガダンの屋根で、役所や学校などの公共建築に用いられるようになったのは、比較的新しい。一九六〇年代後半、ミナンカバウ族の民族的誇りを取り戻すため、西スマトラ州知事の音頭取りではじまり、一九七〇年代半ばごろからは観光資源にするためにそれが進み、西スマトラでよく見られるようになった。

高原都市のブキティンギを訪れると、このユニークな建物がひときわ目を引く。また、マラッカ海峡をへだてたお隣の国マレーシアでも似たような住居が見られ、ミナンカバウ族の住居の影響を受けている。

さまざまな建築様式

ロマネスク様式

一一世紀から一二世紀にかけて西ヨーロッパに広がった、中世を代表する建築様式。とくに教会建築中心に用いられた。天井や入口、窓などの構造やデザインに半円形アーチが多く用いられている。当時、石造技術の発展にともない、石造りの天井も開発された。その天井の重量を支えるために壁のつくりが重厚で、バットレス（控《ひか》え壁）で壁面を補強しているのもこの様式の特徴である。

ゴシック様式

とくに一二世紀ころのフランスで発達した建築様式で、従来のロマネスク様式よりも窓を広げ天井を高くするための工夫が随所《ずいしょ》に見られる。具体的には、高さや幅を自由に調節できる尖頭《せんとう》アーチ、重い天井を支えるためにリブで補強したリブ・ヴォールト、屋根の重さの圧力を分散させるフライング・バットレス（飛梁《とびはり》）の使用があげられる。これらの技術は主に聖堂建築に用いられ、建築規模や採光面の拡大に貢献した。

ルネサンス様式

一四世紀から一六世紀にかけてイタリアを中心に発展した建築様式。ブルネルレスキやアルベルティなどの建築家が、古代のギリシア、ローマの建築様式を研究し、それを下敷きにして新しい様式を創造した。具体的には、古代建築に見られる直線や正円アーチが尊重され、ゴシック様式の尖頭アーチなどは装飾過多と否定された。

ネオクラシック様式

おもに一八世紀後半から一九世紀前半にかけてヨーロッパに展開された建築様式。「新古典様式」また、たんに「古典様式」ともいう。動きのある劇的な表現を重んじたバロックや、繊細で優雅なロココ様式に対抗し、ギリシア、ローマ時代のシンプルな古代建築に手本を求めた建築様式。

パッラーディオ様式とジョージアン様式

一五〇八年にイタリアのパドバに生まれたパッラーディオは、もともとはただの石工だったが、ヴィチェンツァの人文学者ジャン・ジョルジョ・トリッシーノに才能を認められ、ローマに渡り古代建築を研究。古代ローマのイメージを色濃く残しつつも、独自の解釈を加えたパッラーディオ様式を産みだした。

一八世紀になるとイギリスで、このパッラーディオ様式の復権が唱えられた。そこで誕生したのがジョージアン様式で、当時発見されたばかりのポンペイ遺跡などの研究に基づく、軽快なモチーフの装飾が加えられ、以後独自の様式として発展した。

2

現代工学に勝るとも劣らぬ――

構造に仕組まれた驚異のカラクリ

〈イタリア〉ピサの斜塔　倒れそうで倒れないバランスを保つ秘密とは

傾いている塔《とう》として有名なピサの斜塔は、イタリア中部のピサ市にあるピサ大聖堂の鐘《しょう》塔《とう》だ。一一七四年から建設がはじまり、一二七一年に完成した。直径約一六メートル、高さ約六〇メートルの円筒形の塔である。外周に八層のアーケードの層をもつため八階建てに見えるが、これは外周部だけである。

現在、塔の最上部は最下部より約四・二メートルも張り出しており、いかにも不安定に見える。そのうえ、斜塔の傾斜はいまだ止まってはおらず、一〇年間で横に一・二分（一分は一度の六〇分の一）ずつ傾きつづけている。このまま傾斜がつづけば、いつか倒壊するのではないかと心配されている。

ピサの斜塔が傾きつづけているのは、軟弱な地盤が原因だとされている。斜塔が立つ地盤は、表層の約一〇メートルに泥と粘土《ねんど》の混じった層があり、その下にやわらかい粘土の層がある。このやわらかい粘土層のせいで、建物の重さによって沈下が起こり、傾きはじめた。

さらに、塔の土台の面積も関係があるだろう。ピサの斜塔は、それまで建てられた建築物に比べると、高さのわりに土台の面積が小さく、面積あたりの地面にかかる荷重が大きいのだ。

いまにも倒れそうに見えるピサの斜塔だが、最上部の壁や床や屋根の輪郭線《りんかくせん》を下層と比べてみたい。すると、上部は下層ほど傾いていないことがわかるだろう。じつは建設中にすでに塔が傾き、沈んでいることが判明したため、バランスをとろうと、上部の二層は反対側に傾けてつくったのである。

ピサの斜塔を眺める機会があれば、上部二層の傾きに注目したい。

斜塔を建設した人々は、このほかにも、塔の傾きに対処するための工夫をしている。塔が傾きだしたとき、学者たちが原因を調べ、地盤が弱いのだろうと見当をつけたのだろうか、大量の石や砂利を塔の周囲に埋めているのだ。

このような対策を立てたうえで、このまま完成させても倒れることはないだろうと判断し、工事を続行して完成させた。

それ以降も、イタリア政府は、斜塔の傾きを止めるための工夫を何度もおこなってきた。たとえば一八三八年、地盤に水がしみこむのを防ぐため、基礎のまわりに石でプラットホームをつくった。だが、この工事は裏目に出たらしく、塔の年平均傾斜率はかえって大きくなってしまった。そこで、一九三五年に、モルタルを注入する基礎工事をおこなった。

さらに一九六五年には、政府の委員会による調査がおこなわれ、周辺地域の井戸水の利用に制限が加えられた。大量の井戸水の汲《く》み上げが、地盤沈下の一因になっているのではないかと考えられたからである。

比較的近年では、一九九一年、塔の基礎部分にワイヤーの帯が取り付けられて、一時的に補強された。

こういったさまざまな工夫は、どうやらそれぞれ多少の効果はあがっているらしい。

考えてみれば、一二～一三世紀の昔に地盤の弱い土地に建てられた塔が、建設当初から傾きはじめながら、完成から七〇〇年以上もたった現在、倒れることもなくもちこたえているのは驚異的だ。ふつうなら、とっくに倒れていてもふしぎではない。ピサの斜塔が、傾きながらも現在まで倒れずにいるのは、塔の傾きがひどくならないようほどこされたさまざまな工夫と、人々の努力があったからだといってもいいだろう。

たんに、世界の七不思議のひとつにも数えられるふしぎな現象やたたずまいを見るだけでなく、そうした先人《せんじん》の努力のあとを観察するのが、この建築物を見る醍醐味《だいごみ》だろう。

〈ギリシア〉パルテノン 曲線でつくりあげたのに直線に見える驚異の技法

古代ギリシア建築の真髄《しんずい》ともいえるパルテノン神殿は、アテネ市街を見下ろすアクロポリスの丘に建つ。紀元前四九〇年のマラトンの戦いで、ギリシア軍がペルシア軍に勝利したことを記念して建築がはじまった。その後、ペルシア軍によって破壊され、紀元前四四七年から紀元前四三二年までかけて再建されたのが、現在の建物である。

パルテノン神殿の再建に際して、造営総監督となったのは、彫刻家のフェイディアスだった。彼は、パルテノン神殿を洗練された美しい建物とするために、ひじょうに巧妙なしかけを施している。一見したところ直線的に見えるパルテノン神殿は、じつはすべて曲線でつくられているのだ。

一八四六年に、F・C・ペンローズがくわしい実測をおこない、このパルテノン神殿の数々の工夫を明らかにした。

一見したところ直線的に見えるパルテノン神殿だが、じつはすべて曲線だけでつくられている。

それによると、まず、水平線はすべて真ん中が少し高くなっている。床面全体がゆるやかなカーブを描き、幅約三〇メートルの正面から見たとき、中央部は両端よりも約六センチ高くなっている。幅約七〇メートルの側面では、中央部は両端より約一一センチ高い。床と同じ曲線は、周囲の階段や、柱の上にのったアーキトレーブ（桁）にも見られる。

どうしてわざわざ中央を高くしているのか。

これは目の錯覚《さっかく》を修正するためだ。もしも水平線をほんとうに水平につくれば、中央がくぼんで見える。そこで、わずかにふくらみをもたせれば、それが修正されて水平に見えるというのである。

このように目の錯覚を修正する技法は、「視覚補正」「リファインメント（洗練技法）」と呼ばれ、ギリシアの神殿建築の随所に見られる。紀元前一世紀に書かれたウィトルウィウスの『建築書』にも解説されている。なかでもパルテノン神殿のリファインメントはとくに有名で、水平線以外にもさまざまなところに用いられている。

たとえば、円柱は、下が太く上が細くなっており、輪郭線はわずかに外側に向かってふくらんでいる。「エンタシス」と呼ばれるギリシア建築独特の柱のふくらみだ。上のほうが細いのは神殿全体に安定感を出すためで、輪郭線がふくらんでいるのは、直線だと中央が削《そ》げて見えるので、それを補正してまっすぐに見せるためだという。

柱の立ち方もまっすぐではなく、わずかに内側に傾いている。柱が垂直に立っていると外側に傾いているように見えるため、柱の高さ一〇メートルに対して、わずか六センチだけ内側に向かって傾斜させ補正している。

さらに柱の太さも一律ではない。四隅の柱はほかの柱より直径で約五〇分の一だけ太く、柱の間隔は狭くなっている。隅の柱は、陽光で明るい空が背景となって明暗のコントラストが強いため、同じ太さだとほかの柱より細く見える。同じ太さに見えるよう、約五〇分の一だけ太くつくられているのだ。隣の柱との間隔が狭いのは、両端で引き締めるためだろうといわれている。

当然ながら、このように曲線で建物を築くのは、直線でつくるよりはるかにむずかしい。現在の建築技術でさえ困難だといわれている。

古代ギリシアの人々は、建築物を芸術品としてとらえていたようだ。リファインメントを駆使して曲線だけでつくれば、視覚効果によって、建物がより美しく、より大きく見える。そのため、あえてむずかしい技法を用いて、曲線美の神殿を築いたのだろう。

〈エジプト〉アブ・シンベル神殿
高度な天文学知識が産んだ年2回起きる「奇跡」とは

崩壊、消滅の危機に瀕《ひん》した遺跡の救済作業で、もっともドラマチックなものといえば、エジプトのアブ・シンベル神殿だろう。

アブ・シンベル神殿は、古代エジプト新王国第一九王朝のラムセス二世（在位紀元前一二九八年ごろ～前一二三二年ごろ）が、エジプト最南部のヌビアに建てた岩窟《がんくつ》神殿で、大神殿と小神殿からなる。古代エジプトの神殿遺跡のなかでも屈指の壮麗《そうれい》さを誇《ほこ》り、とりわけ有名なもののひとつだ。

それが、一九五四年にアスワン・ハイ・ダムの建設計画が発表され、アブ・シンベル神殿をはじめとするいくつもの建造物がダムに水没してしまうことになった。そこで、遺跡の救済を求める声があがり、主要な建造物の移転作業がおこなわれたのである。なかでも、

もっとも大がかりで、細心の注意をはらって移転がおこなわれたのが、巨大なアブ・シンベル神殿だった。

アブ・シンベル神殿は、建物の正面部が高さ三三メートルに幅三八メートル。高さ約二〇メートルもあるラムセス二世の巨像が四体、東を向いてすわっている。神殿の奥行きは六三メートルもある。

これほど大きな巨石建造物をそっくりそのまま移転させるなんて不可能に思えるが、いったいどのような方法を用いたのだろう。

これには、建造物をブロックに分割して運び、移転先で組み立てなおすという方法がとられた。とくに正面部分の切断には、特殊な方法が考えだされた。おおまかな切断には電動ノコギリを使い、彫刻された表面部分の切断には特別につくられた手挽《び》きノコギリを使って、彫刻を傷《いた》めないように配慮したのである。

分割されたブロックは、ひとつの重さが一〇トン以上、計一〇三六個にのぼった。神殿は以前のままの環境を再現するため、同じ方向を向けたまま移転作業は三年の歳月をかけて一九六八年に終了。ナイルを見下ろすリビア山脈の山頂に位置することとなったのである。

二〇世紀の技術をもってしても移転に三年もかかったのだから、鉄器すらなかった時代にこの神殿をつくるのにどれほどの労力を要したのか、想像にあまりある。

建築技術もさることながら、アブ・シンベル神殿では、高度な天文学の知識があったことをうかがわせる驚愕《きようがく》のからくりがある。それは神殿最奥部の至聖所《しせいじよ》だ。

至聖所には、岩を掘り抜いてつくった四つの神像が並んでいる。北側から順に、ヘリオポリスの守護神ラー・ハラクティ、神格化されたラムセス二世、テーベの守護神アメン・ラー、メンフィスの守護神プタハである。ラムセス二世が、古代エジプトの三大都市の守護神に取り巻かれている構図だ。

この至聖所は、ふだんは暗闇に閉ざされている。だが、年に二度だけ、二月二〇日ごろと一〇月二〇日ごろ、ナイル川対岸の地平線に太陽が昇った瞬間、その第一光が至聖所にさしこみ、神像を照らしだすのだという。しかしその際でも、地下の生命の源であるプタハ神だけは、暗闇のなかにあるという。

アブ・シンベル神殿は、エジプトでは例の少ない岩窟神殿だが、ナイル川西岸の断崖を選んで、前例のほとんどない岩窟神殿をつくったのは、おそらくこのからくりを考えてのことだろう。決まった日の日の出の方角と、太陽光の角度を正確に知る天文学の知識、それにもとづいて正確な位置に至聖所をつくれる建築と測量の技術なしには、このようなしかけはつくれない。こういったからくりを念頭において見学すれば、またひと味違った見方ができるはずだ。

それにしても、このしかけは、いったい何のためにつくられたのか。

はっきりとはわからないが、太陽信仰に深く関係していた点ではだれもが認めるところだろう。エジプト新王国では、王は太陽神と同一視されていたからだ。この巧妙なしかけは、太陽神の化身であるラムセス二世を人々に崇拝《すうはい》させるためのものだという一説がある。

〈インド〉カイラーサ寺院 じつは一枚の岩盤から掘り出された〝彫刻建築〟

石窟寺院といえば、ふつう、岩山に洞窟を掘ってつくった寺院が思い浮かぶ。そんな常識を破ったのが、インドのエローラ石窟寺院群のカイラーサ寺院である。

エローラ石窟寺院群は、アウランガーバード市から三〇キロほど離れた丘の麓《ふもと》にある三

四の石窟群で、仏教とヒンドゥー教とジャイナ教が共存する。南から順に、第一～一二窟が仏教窟、第一三～二九窟がヒンドゥー教窟、第三〇～三四窟がジャイナ教窟だ。カイラーサ寺院はそのうちヒンドゥー教窟の第一六窟にあたる。

第一六窟は、カイラーサ寺院に大小の窟院が付属したもので、エローラ石窟寺院群のなかでも最大規模を誇り、もっとも有名なものだ。「カイラーサ」とは、ヒンドゥー教のシヴァ神が住む山の名で、この寺院がカイラーサ山頂にあるシヴァ神の宮殿を地上にあらわそうとしてつくられたことを物語っている。

カイラーサ寺院は、七六五年、ラシュトラクータ朝のクリシュナ一世（在位七五六～七七三年）によって工事がはじめられた。その後の工事の経過ははっきりしないが、二〇〇年以上にわたって掘りつづけられたといわれている。

この寺院の大きさは、幅四五メートル、奥行き八五メートルにもおよぶ。入り口の門をくぐるとナンディ堂と前殿があり、その奥の寺院中央部に、シヴァのシンボルを祀《まつ》るリンガ祀堂《しどう》がある。これらの堂を回廊《かいろう》と付属の窟院が取り巻いている。

この構造は、地上に建てられた古代インドの寺院建築と共通するもので、カイラーサ寺院を見ても、地上に建てられた石造の寺院のように見えるかもしれない。

だが、寺院の壁をよく見れば、石を積み上げてつくられたのではなく、この巨大な寺院がひとつの岩からできていることがわかる。

このような巨大な寺院を、いったいどのような方法でひとつの岩からつくりあげたのだろうか。

これは、岩山を正面から掘るのではなく、上から仕上げながら、しだいに下へと掘り下げていったと考えられている。岩山を上から下に掘って石窟寺院をつくった例は、世界でもめずらしい。

全体の形を考えながら、天井や柱や床や壁、それに屋根の上のライオン像や祀堂の横の記念柱、神像の浮き彫りなどまで、設計どおりに掘ってつくったのだから、卓越した構想力と緻密《ちみつ》な計算が必要だったに違いない。石窟を掘るというより、彫刻を彫るのと似た作業だ。

カイラーサ寺院は、岩山を彫ってつくったひとつの巨大な彫刻だともいえる。まずまちがいなく、世界最大の彫刻だろう。

また、カイラーサ寺院では、多数の神像もじっくり鑑賞したい。カイラーサ寺院をはじめとするヒンドゥー教窟は、エローラ石窟寺院群に共存する三つの宗教のうち、もっとも多くの装飾がほどこされていて、浮き彫りや神像をひとつひとつ眺めていくのも楽しい。じつに壮麗で、それでいて生き生きとした躍動感にあふれ、エネルギッシュな魅力を発散させている。

〈イラク〉ジッグラト 壁面に整然と並ぶ小窓のような穴の謎

古代シュメール人は、「ジッグラト」と呼ばれる建造物を数多く築いた。階段ピラミッドのような形の階層式の神殿で、「ジッグラト」とは「神殿の塔」という意味である。このジッグラトでは、さまざまな宗教的な儀式がとりおこなわれた。

ジッグラトは、シュメールのほとんどすべての都市に建てられ、さらにバビロニアにも受け継がれた。バベルの塔のモデルとして名高いバビロンのジッグラトも、ルーツはシュ

メールのジッグラトだ。

このシュメール諸都市のジッグラトのなかでも、もっとも有名でなおかつ保存状態もよいのが、ウルのジッグラトである。

ウルは、シュメール南部の都市国家で、第三王朝最初の王ウル・ナンムのときから一〇〇年近くにわたって、シュメール全体の中心都市だった。

このウル・ナンムとその後継のシュルギは、シュメール諸都市の大神殿の復興に力を尽くし、古い聖域跡を整地して、ジッグラトを主体とする一定の形の神殿を建てた。ウルのジッグラトは、紀元前二一〇〇年ごろにウル・ナンムが建造をはじめ、後継者によって完成されたものである。

ウルのジッグラトは、ウル遺跡の代表的な建造物で、聖域の西隅に建てられている。

ウルの守護神である月神ナンナに捧げられたもので、

テメン・ニ・グル（恐れに満ちた土台）と呼ばれる基壇《きだん》の上に建てられた。もとは三層からなっていたが、現存するのは二層だ。もっとも保存状態のよい一層は高さ一一メートルで、その上部までは、正面にあたる北東面にふたつの側面階段とひとつの正面階段が設けられ、この三つの階段がとちゅうで一本になって、二層や三層の上部に上れるようになっていた。三層の上には神殿が建っていたが、現存していないため形や配置はわからない。

ジッグラトの内部は中心まで日干しレンガが積まれ、表層約二・四メートルは焼成《しょうせい》レンガで覆われ、焼成レンガのあいだにはアスファルトが詰められている。全体が焼成レンガの赤茶色をしていて、「赤いジッグラト」とも呼ばれている。大きさは、幅約六三メートル、奥行き約四三メートル、高さ約二〇メートルに達するという巨大な建造物だ。いまから四〇〇〇年以上も前に、これほど巨大なレンガの建築物を築く高度な建築技術があったことには驚く。

しかも、このジッグラトはたんに巨大なだけではない。さまざまな工夫がなされている。ジッグラトを見るときには、壁面に整然と並ぶ縦長の小さな穴に注目したい。「涙孔《なみだあな》」と呼ばれる穴だ。

一見したところ小窓のようにも見えるが、ジッグラトはなかまでレンガが詰まった構造になっており、空洞になった部屋はないので、小窓のはずがない。

この穴は、焼成レンガの層を通り抜けて日干しレンガの層に達し、そこにこわれた土器が詰められている。日干しレンガの層にたまった、湿気や雨水を排水するための穴なのである。

日干しレンガはどうしても水に弱い。ジッグラトの設計者は、湿気や雨水がジッグラトを傷めないよう、先のことを考えて、うまく対策を立てたのだ。

さらに、メソポタミア地方はチグリス・ユーフラテスの両川の氾濫《はんらん》がたびたび起こった。大洪水のときに水深を測った柱上の土がめにも目を留めたい。こうした細部に目を配ることによって、日本人にはなじみの薄い形状をしたジッグラトの正体が、だんだんとわかってくる。

〈イギリス〉ダラム大聖堂
石造りの重い天井を支えた画期的な技術とは

北イングランドのダラム大聖堂は、ウィアー川が屈曲するところにできた半島状の丘の上に建てられたノルマン様式（イギリスのロマネスク様式・43頁参照）の大聖堂だ。九九八年に最初の聖堂が聖カスバート（六三七年ごろ～六八七年）の聖遺物を納めるために建てられ、

ヴォールト天井の仕組み

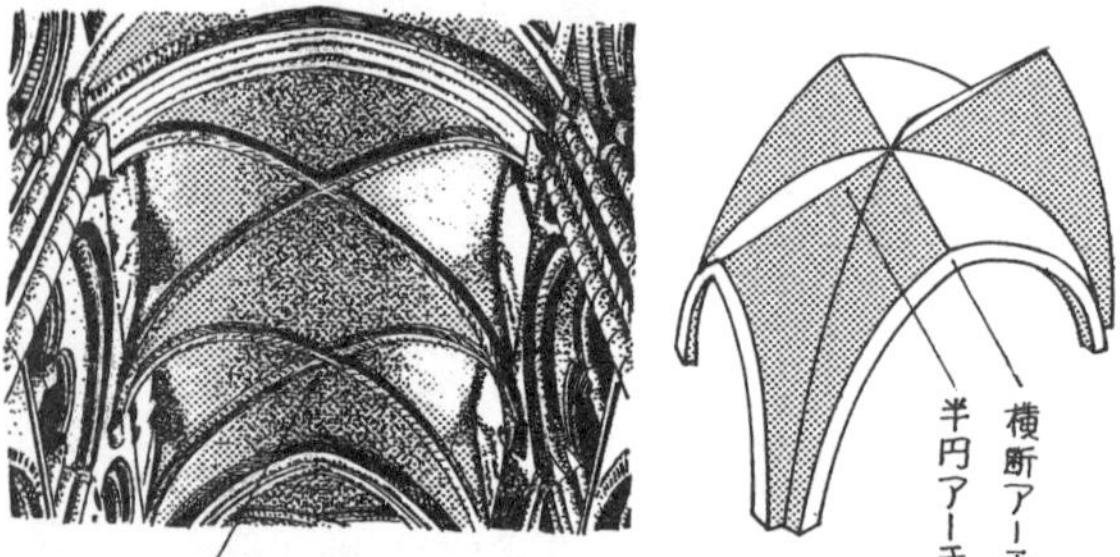

交差したヴォールト天井をリブが支えている。

一〇九三〜一一三三年に現在の大聖堂に建てなおされた。

このダラム大聖堂では、身廊《しんろう》（一般信徒席）やその両側にある側廊《そくろう》の天井に注目したい。天井は高く、アーチが組み合わされてじつに美しい。

これはすべて石のみでつくられている。石のアーチはかなりの重量になるはずだが、一一世紀末から一二世紀はじめという古い時代に、これほどみごとな石のアーチの天井が建造された事実に、まず驚嘆する。

実際、この天井は、当時としては画期的なものだった。それまでのノルマン様式の大聖堂は、一般的に天井は板張りとなっていたのである。石造りの建物なら天井も石のほうが美観の統一がとれ、板より石にしたいところだろうが、重い石の天井を支えるだけの基盤をつくれなかったのだ。

それが、ダラム大聖堂では、「リブ・ヴォールト」という新しい構造体が用いられ、重い天井を支えることができるようになったのである。

「リブ・ヴォールト」の「ヴォールト」とは、アーチをもとにしてつくられた曲面状の構造体のことで、「リブ・ヴォールト」は、このヴォールトの稜線《りようせん》にアーチ状のリブ（肋骨《ろっこつ》）という部材を十字形に通す。

リブは刳《く》り形《かた》で形づくられ、美しい彫刻の装飾がほどこされている。ダラム大聖堂の身廊や側廊から見上げると、アーチを縁取る美しい装飾が対角線を描くように渡され、中央で交差しているのがわかるが、これはたんなる装飾ではなく、天井を支えるリブなのだ。設計者は、新しい工法を用いて石の天井を支えるのに成功しただけでなく、そのための部材を装飾に用いたのである。

このリブは、屋根の重みを受けとめて柱に伝える働きをする。リブが伝える重みを支えるのは、交互に並んで配置された太い円柱と、複数の柱を組み合わせた複合柱だ。この複合柱は、見た目はほっそり見えるが、じつは円柱よりも強い。

さらにダラム大聖堂では、フライング・バットレス（飛梁《とびはり》）も用いられている。屋根の重みをリブだけで伝えたのでは、柱や壁に、外方向に向かって強い圧力が働いてしまうので、フライング・バットレスによって圧力をうまく分散させているのである。

こういった工夫をこらして、ダラム大聖堂は、石だけでできた天井をもつイギリス最初の大型建築物となったのである。

　ダラム大聖堂の天井のなかでもとくに古いのが内陣（聖職者席）の側廊で、一〇九三年から一一〇〇年のあいだにつくられたものだ。袖廊《そでろう》の北腕の天井もそれに次いで古く、一一〇四年より前につくられている。これらは、ヨーロッパでも最古級のリブ・ヴォールトの例にあたる。さらに身廊の天井も、一一三〇年ごろにはつくられている。

　また、ダラム大聖堂の天井では、リブの交差点が尖《とが》っている点にも注目したい。このようにアーチの交差点が尖っているのは建築史上はじめてで、「尖頭《せんとう》リブ・ヴォールト」と呼ばれる。ダラム大聖堂の天井のリブ・ヴォールトは、従来の半円アーチと尖った尖頭アーチを組み合わせた構造なのだ（62頁参照）。

　この構造には、石だけで天井をつくれるというほかにもいくつかの利点があった。

まず、尖頭アーチは、高さや幅を自由に調節できる。そのため、リブ・ヴォールトを用いることによって、天井を高くすることができるようになった。また、壁を減らして列柱や高窓を設けることも可能になり、従来よりたくさんの自然光を採り入れられるようになった。

　これらの利点は、このあとに生まれたゴシック様式（43頁参照）に受け継がれていく。ダラム大聖堂の天井は、新しい建築様式が生まれる芽ともなったのである。

〈ロシア〉プレオプラジェンスカヤ聖堂

現代の建築家も舌を巻く釘を1本も使わない木造の聖堂

ロシアや東ヨーロッパの建築には、木造の校倉《あぜくら》造り（建物の部材を横に組んで壁をつくる建築様式）の伝統がある。人々が新天地を求めて平地から針葉樹林の山地や北方の平原を開拓するようになると、建築材料を調達しやすい校倉造りの建物がさかんにつくられた。また民家だけでなく、聖堂のような大型建築物にも校倉造りが用いられた。たとえば、校倉造りがとくにさかんだったロシアのカレリア自治共和国は、全土の六二パーセントが森林で、いまも林業が主要産業となっている土地だ。

このカレリア自治共和国のオネガ湖にあるキジー島は、かつて、校倉造りの建築技術の水準の高さと職人たちの迅速《じんそく》な仕事ぶりで、ロシアじゅうに知られていた。彼らは、釘を一本も使わずにロシア正教の複雑な形の聖堂をつくり、ノミやノコギリや錐《きり》などで装飾をほどこしたのである。

キジー島には、現在もロシア正教の校倉造りの教会がふたつ残されている。なかでも有名なのが、プレオプラジェンスカヤ聖堂だ。

プレオプラジェンスカヤ聖堂は、地元の大工、ネストールとその仲間たちが建てた聖堂

で、一度は落雷で崩壊したが一七一四年に再建された。正八角形の三層の塔を中心に、四方に四つの突出部がつき、十字架を立てたロシア正教特有のタマネギ形のドームが、合計二二個かけられている。ドームは五段になっているため、六層の階段ピラミッドのような形にも見える。

このドームの大きさにも注目したい。ドームは同じ大きさではなく、最上段の中央円蓋《えんがい》がもっとも大きく、次いで三段目、一段目、二段目、四段目の順に大きくなっている。この工夫や、ノコギリの歯のような装飾帯によって、プレオブラジェンスカヤ聖堂はいっそう生き生きと変化に富み、まるでおとぎの国の教会のような幻想的な美しさを見せる。

しかもこの聖堂は、幅二〇メートル、奥行き二九メートル、高さ三五メートルにも達する。建設に要した木材は七〇〇立方メートルにおよび、あまりの高さのため、湖を行く船の上からも目にすることができ、かつては航路を示す目標にされていたというほどだ。間近で見上げれば、これほどこみいった構造の巨大な建物が、釘を一本も使わずにつくられたとは、とても信じられないだろう。

しかも、銀色に光るドームの瓦《かわら》も木でできているというから驚く。瓦は、大きいもので四〇センチほどあり、数は三万枚に達するといわれている。

ドームのつくり方は、まず中心の真束《しんづか》（小屋組の中心に立つ束）とスピンドル材を支えに、三片を組み合わせた支柱をつくる。次に横板で支柱をつないでネギ坊主形にして、その上にハコヤナギ材でつくったクサビ形の瓦を張って完成させる。

木造建築で、しかも屋根までが木材となると、雨の被害が大きそうだが、この点に関してもすぐれた工夫がほどこされている。タマネギ形のドームが、雨水をうまく排水するよう考慮してつくられているのだ。また、内部にしみこんだ雨水は、天井裏にある屋根板の樋《とい》から排水される仕組みになっている。これを建てたネストールたち大工の巧みな工夫には感嘆するばかりだ。

現在、プレオブラジェンスカヤ聖堂は、老朽化が進んだため、ユネスコによって緊急修理必要建築に指定されているが、専門家のだれも修理方法が思いつかないでいるという。ユニークですぐれた建築方法が他に類を見ない証といえるだろう。

だからこそ木造建築であるというのに、見る者にどっしりとした威厳《いげん》を感じさせる。

この聖堂内部も一見に値する。内部は広間になっており、中央身廊の壁ぎわには特製の木のベンチが置かれている。内陣は突出部にあたる祭室につづき、祭室の前には、一七〜一八世紀の多数のイコンをかけたイコノスタシスがある。また、天井は色鮮やかに彩られ、天空を暗示したものといわれている。

ゲル〈モンゴル〉 寒暖の厳しい気候に対応し移動も可能な仕組みとは

中央アジアのモンゴル人民共和国では、人口の四分の三ほどが「ゲル」と呼ばれる天幕に住んでいる。さらに中国の蒙古《もうこ》自治区にも、モンゴル族の人々の住むゲルが見られる。

モンゴル族の人々は、伝統的に家畜の遊牧をおこなって暮らしてきた。季節ごとに、その季節に応じた営地を探して移動する生活なので、住居は移動可能なものでなければならない。そこで、遊牧生活に適した住居として生み出されたのがゲルである。

ゲルは、天幕の頂部にあたる「トーノ」、壁の骨組みにあたる「ハナ」、屋根の骨組みにあたる「ウニ」、トーノを支える柱の「バガナ」、フェルトや布の外被、扉などからできて

ゲルの組み立て方

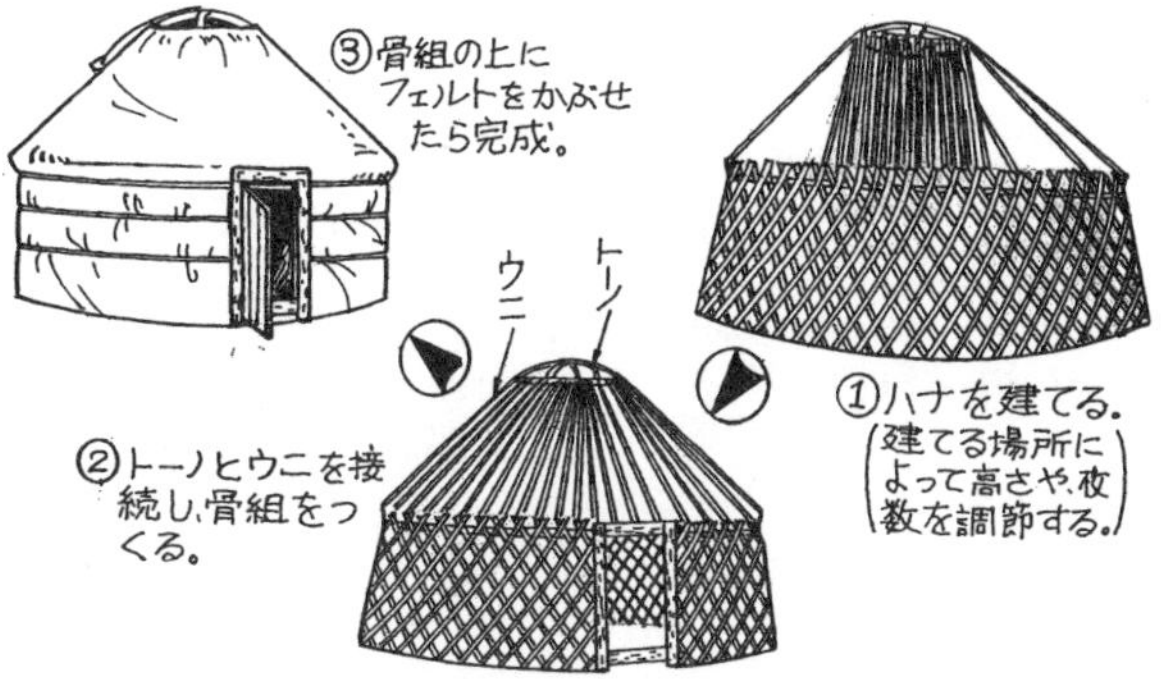
③骨組の上にフェルトをかぶせたら完成。
ウニ
トーノ
②トーノとウニを接続し、骨組をつくる。
①ハナを建てる。（建てる場所によって高さや、枚数を調節する。）

いる。扉は、一三世紀ごろまでは毛皮やフェルトをたらしただけだったが、いまでは木製の扉が用いられている。

ゲルを組み立てるときに最初に建てられるのは、ハナと入り口の枠だ。「ハナ」は、ヤナギや落葉松《からまつ》の枝でつくられる。枝を斜めに交差させて網《あみ》の目のようにしたもので、四〜一二枚ぐらいに分解された状態で持ち歩く。建てる場所によって、高さや枚数を調節できるという便利なものである。

トーノはゲルの天窓で、ウニをさしこむ穴が開いている。小型のゲルなどだと、トーノとウニが最初からつなぎ合わされたものもある。トーノは外被で開閉できるようになっており、最近のものにはプラスチックが使われている。ゲルの基本はむかしながらの伝統的なつくりだが、部分的には、このように現代的な素材を使うようになった。

このトーノとハナのあいだで、傘の骨のように広げて使うのがウニである。ウニの上端はトーノ、下端をハナと接続するが、そのままでは屋根の重みでハナが崩れてしまうので、ウマの尾の毛かヒツジなどの毛、もしくは麻でつくったバンドでハナの上部を締めつける。

骨組みの上に、フェルトをかぶせ、内外に綿布を張るのだが、この外被は季節によって調節できる。夏はフェルトが一枚だが、寒くなればフェルトの枚数をふやして暖かくすることができるのだ。

それに、夏には壁沿いのフェルトの下のほうをたくしあげれば、風通しがよくなるし、冬には逆に、壁の下のほうを木やフェルトでつくったハヤーブチというもので囲えば、防寒になる。また、保温のために扉を二重にしたり、前室を設けることもある。

床も夏と冬で模様替えする。床は、いくつかに分かれたパネル状の木製で、パネルを組み合わせてつくるのだが、冬にはこれにじゅうたんや毛皮などを敷く。

モンゴル高原は内陸性気候で寒暖の差が大きいが、これらの工夫で室温の調節ができるので、ゲルの内部は快適だ。暖房は、伝統的なものでは畜糞《ちくふん》を燃やす火鉢が用いられ、近年ではストーブが用いられることも多い。火鉢やストーブでは寒そうに思えるが、冬支度を整えたゲルのなかで火鉢やストーブをつければ、部屋はすぐに暖かくなる。

こういった室温の調節は、ごく短時間でおこなうことができる。そもそもゲルは、組み立てるのも撤去するのも速くできるようにつくられているのだから、室温調節の作業自体もかんたんなのだ。

移動に便利で快適なだけでなく、ゲルはじつは強風にも強い。丸い形をしているので、風を左右に流せるからだ。それに、強風のときには、紐《ひも》で強化することもできる。

こうしてみると、ゲルは、移動に便利な天幕でありながら、天幕というより、じゅうぶん「家」といえるだけの快適さや安全性を備えている。都市で働く人がふえた現代でも、ゲルに住みつづけている人が多いというが、それもゲルがこのようにすぐれた住居だからだろう。

最近では、ゲルに泊まって現地の生活を体験できるパッケージ・ツアーもあるので、その快適さを実際に体験してみるのもいい。

〈韓国〉「オンドル」式住居
酷寒の風土が産みだした歴史ある床下暖房システム

セントラル・ヒーティングや床下暖房と聞けば、近代的な暖房装置というイメージがあるが、朝鮮半島では、古くから床下暖房がおこなわれてきた。それが「温突《オンドル》」と呼ばれる

「オンドル」の仕組み

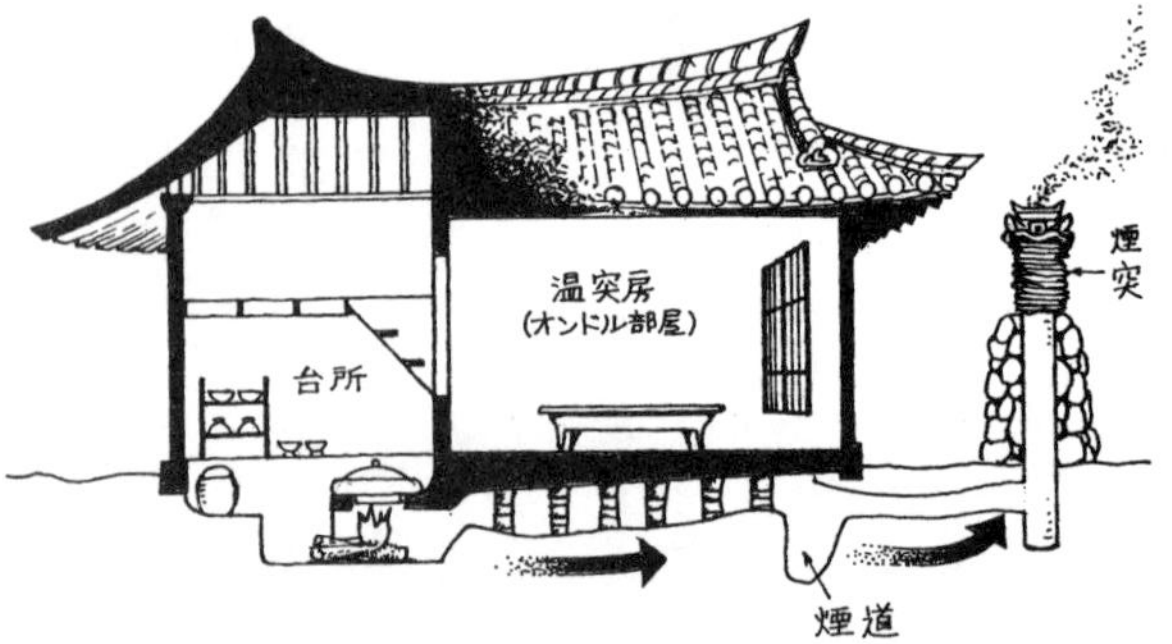

ものである。韓国の家の構造は、このオンドルによって左右されているといっても過言ではない。

　オンドルで暖められる部屋のことを「温突房（オンドル部屋）」という。オンドルの構造は地方によって違いはあるが、もっとも一般的な温突房は、床下に「煙道《ヨンド》」と呼ばれる煙の通り道が数本設《もう》けられている。床には、花崗《かこう》岩《がん》の板石の上に土を厚く塗り、その上に温突紙と呼ばれる黄色の厚い油紙を張る。

　温突房の床下は燃料を燃やす焚《た》き口と隣接しており、焚き口から出た煙が温突房の床下の煙道を通って床全体を暖める仕組みになっている。煙の熱気は床に吸い取られるが、煙はそのまま噴出口に抜けていき、部屋には入らない仕組みになっていて、汚れた空気やにおいが部屋のなかに入ってこないのである。

　オンドルの焚き口は、一般的な庶民の家ではカマドを兼ねており、カマドで炊事をして出る煙がオンドルに用いられる。つまり、炊事をする時間帯が部屋を暖房する時間帯というわけだ。廃熱を利用した、まさにエコロジーな暖房である。

上流階級など、部屋数の多い家では、台所と隣接しない部屋を暖めるのに専用の焚き口を用いている。台所に隣接しない温突房に入る機会があれば、ぜひ土間のカマドに注目してほしい。そのカマドがオンドルの焚き口だ。

煙道を通り抜けて噴出口から抜けた煙は、煙突《えんとつ》につながっている。オンドルの煙突は、模様が描かれるなど、家の外観を構成する重要な要素となっている。韓国の家の庭に、装飾的な塔のような煙突を見かけたら、それがオンドルの煙突だ。

このオンドルは、いつごろどこで誕生したのだろうか。

オンドルの歴史は意外にも早く、朝鮮半島北部の先史時代の半地下式住居の遺跡で、原始的なオンドルらしい暖房設備が見つかっている。朝鮮半島北部は冬の寒さの厳しい地域だったため、そこに住む先史時代の人々は、炊事の煙で床を暖房する仕組みを思いついたのだろう。

朝鮮半島北部で誕生したオンドルは、その後、しだいに朝鮮半島全域に広まっていった。さまざまな文献から推測すると、一三世紀ごろには、ほぼ半島全体に普及していたようである。

部屋を暖める工夫は、温突房の内部にも見られる。

まず、温突房では、イスを用いずに床にじかにすわることもあって、天井が低く、内部の空間容積は小さい。空間を小さくすることで、部屋を暖めやすくするのだ。

また、天井や壁には、韓紙と呼ばれる白い紙を一面に張る。韓紙は、熱を外に逃がさない役割をはたしてくれる。戸を閉めたときには、韓紙が戸の隙間《すきま》にはさまって気密性を高めるように工夫されている。むかしの上流家庭では、冬のあいだ、さらにこの内側にカーテンのようなものを張り巡らせていたという。

庭に面した入り口も、熱を逃がさないよう狭くしている。しかも、開き戸、障子、ふすまと、三重構造になっている。

まさに、寒冷な気候に適応するために工夫された住居なのである。


〈日本〉
白川郷・五箇山の合掌造り
豪雪地帯ならではの数々の知恵と工夫

岐阜県の白川郷《しらかわごう》と、隣接する富山県の五箇山《ごかやま》地方は、むかしは山々と豪雪に阻《はば》まれて他の地域との交流が少なく、独特の文化や習俗があったところだ。その代表ともいえるのが

合掌造りに特有の巨大で急勾配の屋根。これほど急傾斜な屋根は何のためにつくられたのか。

住居で、この地域の住居は、「白川郷・五箇山の合掌造《がっしょうづく》り」として世界的に名高い。

現在でも、白川郷では白川村荻町《おぎまち》、五箇山地方では平《たいら》村相倉《むらあいのくら》、上平《かみたいら》村菅沼《すがぬま》の三つの集落で、合掌造りの家々が大切に保存され、観光名所となっている。

合掌造りの家を訪れたら、まず目に入ってくるのは急傾斜の屋根だろう。ふつうの家は、屋根の傾斜はせいぜい四五度ていどなのに対し、合掌造りの茅葺《かやぶ》きの切り妻屋根は、勾配《こうばい》が六〇度とたいへん急傾斜になっている。木造で茅葺きの住居は、むかしは日本全国にあったが、これほど急勾配の屋根もめずらしい。

急勾配の屋根では、屋根の頂部はふつうの家よりかなり高く、屋根は大きくなる。「合掌造り」という呼び名も、巨大で急勾配の屋根が、まるで神仏に向かって手を合わせているような形だというところからつけられたものだ。

屋根が大きくなれば、当然、屋根は重くなる。合掌造りでは、斜めに組まれた部材で屋根頂部の棟木《むなぎ》を支え、屋根をじょうぶにした「叉首《さす》」という特殊な構造が用いられている。

それにしても、どうしてこれほど屋根を急傾斜にしているのだろうか。

これは、雪掻《ゆきか》きの労力を少しでもはぶくためである。この地域は日本でも有数の豪雪地帯のため、ふつうの傾斜の屋根では、雪があまりにも厚く積もって、雪掻きがたいへんである。そこで、屋根を急勾配にすることで、雪がすべり落ちやすくなり、雪掻きが少しはラクになるように工夫をしたのだ。

それに、屋根が急傾斜で高くなっていると、屋根裏が広くとれる。合掌造りでは、屋根裏にも窓をつくり、二層や三層の部屋として利用する。本来は一階建てでも、屋根裏を活用することになり、三〜四階建ての広さがとれるのである。

屋根裏に窓をつくるのは、豪雪地帯のこの地方では必要不可欠だった。豪雪で一階の玄関が埋まってしまうと、屋根裏の窓から出入りしなければならなくなるからだ。

さらに、屋根裏は養蚕《ようさん》に利用できる。この地域ではむかしから養蚕がおこなわれており、とくに幕末から明治にかけては絹織物の輸出が急激にふえたため、養蚕は地域の主要産業となっていた。蚕《かいこ》の飼育は手間がかかるため、家で飼う工夫がされ、合掌造りの屋根裏を活用して飼うようになったのである。

合掌造りの家の工夫は、家の向きにも見られる。家の向きに注意して集落を眺めると、妻側（屋根両端の三角形の壁面）を南北に向けている家が多い。多くの家が同じ向きに建てられていることも、白川郷や五箇山の集落をいっそう美しく見せている。

この家の向きは、美観ではなく、実用的な理由にほかならない。風や日光の向きを考え、風の抵抗を少なく、冬には暖かく、夏には涼しく過ごせるようにつくられたのだ。とくに妻側を南北に向けている家が多いのは、風向きを考えてのことである。

それに、妻側が南北方向だと、天井裏では夏の西日が屋根でさえぎられて涼しかったはずだ。屋根が急勾配なので、夏の真昼の強い日差しも真上から受けることはなく、だいぶ日差しもやわらげられただろう。合掌造りには、夏場にふつうの家より涼しいという利点もあった。

この合掌造りは、一階以外は専門の大工の手を借りず、村人たち自身の手でつくられるという習慣があった。人手の必要なときに集落じゅうが協力しあう「結《ゆい》」という制度があり、家を建てるときも、屋根を葺き替えるときも協力しあったのだ。家を建てる費用を少なくするための知恵である。

集落の人々は、一本の釘も使わずに、縄や蔓《つる》などで部材をしばって、二〜三階分もある屋根部分をつくった。茅葺き屋根の寿命は一五〜二〇年で、葺き替えたあとに出る古い茅は燃料になった。

茅葺き屋根は定期的に屋根を葺き替えるし、屋根の修理もかんたんにできる。しかも、合掌造りの叉首の構造は強度が強い。そのため、合掌造りの家は、数百年もつともいわれている。むかしの建物がいまにいたるまでよく保存されているのも、地元の人々の尽力のほか、この頑丈さによるところが大きい。

現代の建売住宅などの耐久年数を考えると、木造家屋でありながら、驚くほど寿命の長い建物といえよう。

3

優美で荘厳な空間づくりの妙

時が経つのも忘れてしまう——

〈スペイン〉獅子の中庭

砂漠の民の憧れを具現化した丘の上のオアシス

中世、ヨーロッパで建てられた王の住まいのなかで、もっとも華麗《かれい》な建築物といえば、まずまちがいなくアルハンブラ宮殿だろう。

アルハンブラ宮殿は、スペインの南端近く、グラナダ市を見下ろすサビカの丘の頂上に建つ。一三～一五世紀にこの地で栄えたイベリア半島最後のイスラム教国、グラナダ王国の王宮である。工事は初代のムハンマッド一世（在位一二三二～一二七三年）のときに着工され、ムハンマッド七世（在位一三九二～一三九六年）のときに完成した。

一四九二年にグラナダ王国を滅ぼしたスペインは、地上の楽園のように美しいイスラムの王宮だけは破壊せずに残したのだ。おかげで、アルハンブラ宮殿は、ヨーロッパに現存する唯一のイスラム教徒の王宮として、往時の姿を現在にとどめている。

アルハンブラ宮殿のなかでもっとも有名なのが、ムハンマッド五世（在位一三五四～一三五九、一三六一～一三九一年）がつくった「獅子の中庭」。王の私生活は、この「獅子の中庭」を中心に営まれた。

「獅子の中庭」は、東西二八・五メートル、南北一五・七メートルの長方形の中庭で、中

ライオンが施された噴水と、まわりを取り囲む細くて優美な円柱が華を添える「獅子の中庭」。

心に「獅子の噴水」がある。これは、噴水が勢いよく上がる巨大な円形の水盤を、放射状に並んだ一二頭のライオンの像が支えているデザインで、ライオンの口からも水が流れ落ちる。さらに、この噴水から四方に水路が延び、小川のように水が流れる。

　さらに、この中庭の周囲は、一二四本の白大理石製の円柱が並ぶ回廊《かいろう》に囲まれている。この円柱に注目してみたい。これらはギリシアやローマの円柱とは異なるサラセン様式でつくられている。ギリシアやローマの円柱のようなエンタシス（中央部のふくらみ）をもたず、ほっそりとした繊細さを感じさせる円柱だ。イスラムの列柱はコルドバのモスクにも見られるが、「獅子の中庭」の列柱はモスクの柱より細くて優美である。

「獅子の中庭」の回廊では、この円柱が二本組みと一本との繰り返しで立ち、約四メートルの高さから上は、角柱の基部をもつアーチとなっている。回廊を歩いていくと、二本組みになった円柱は、見る角度によって一本に見えたり二本に見えたり変化する。アーチもみごとで、漆喰《しっくい》でつくられたサラセン様式の装飾が華麗でエキゾチックだ。

この回廊を隔《へだ》てて、「獅子の中庭」の周囲には、「諸王の広間」「二姉妹の広間」などの部屋がある。それぞれの部屋から「獅子の中庭」を眺めることができるようになっており、部屋によって庭の景観が異なる。庭の眺めだけでなく、天井や壁や床などのデザインも部屋ごとに違う。これはイスラム建築の一般的な特徴だが、アルハンブラ宮殿ではこの傾向がとくに強い。

グラナダ王国の王とその家族たちは、これらの部屋から「獅子の中庭」を眺めたり、庭をそぞろ歩いて憩《いこ》いのときを過ごしたに違いない。「獅子の中庭」は、噴水や水路などで涼しげな空間をつくりだしている。これは、砂漠の地からイベリア半島にやってきたイスラム教徒たちにとって、大きな意味があった。

砂漠では水は貴重で、砂漠の民は遠くの川からカナート（地下水路）で水を引き、オアシス都市をつくった。そこから、砂漠の国の王宮は、貴重な水をふんだんに使った池や泉をつくることがよくあった。砂漠の民にとって、水のある光景は、たとえようもなくぜいたくで美しい天国に等しかったのだ。イスラムの聖典「コーラン」でも、天国には川が流れているとされている。

グラナダ王国の王たちも、砂漠の民の伝統を継いで、水への憧憬《どうけい》は強かったはずだ。その憧憬から、水の乏《とぼ》しい丘の上に遠くの山から水を引いて、噴水や水路のあるオアシスのような空間をつくりだしたのである。

「獅子の中庭」にかぎらず、アルハンブラ宮殿にはあちこちに噴水があり、水路が流れている。それら噴水や水路に目を向け、水が主役となった空間を眺めれば、グラナダ王国の王たちが、いかに水のある光景を憧憬していたかが想像できるだろう。

宮殿を歩きまわると、あちこちで水を噴き上げる噴水に出くわし、歴史の登場人物とその空間を共有しているような体験ができるのも魅力。タイムトリップとはまさにこのような感じだろうか。

〈中国〉四合院 建物ごとに順位付けされた中庭のある家

中庭のある住居は、窓から中庭を眺めても、また、中庭に出ても、見知らぬ人に姿を見られることはなく、プライバシーを守りやすい。

そのためか、中国では中庭のある「四合院《しごういん》」と呼ばれる住居が広く見られる。漢族の裕福な家庭の代表的な住居で、三〇〇〇年もの歴史がある。

四合院は中国各地にあるが、とくに名高いのは、明代《みんだい》と清代《しんだい》に建てられた北京の四合院だ。北京は、明代と清代にわたって首都が置かれた土地柄だけに貴族や官吏《かんり》が多く住み、りっぱな四合院が数多くある。

これを見るためには、北京の旧市街で幹線道路から少し路地に入ってみるとよい。古い四合院が数多く残されている。

四合院は、中庭を中心に四つの棟《むね》が取り囲んだつくりだが、北京のものは他の地域とは異なっている。気候風土、風水、防御などといったさまざまな面から、北京独特の特徴ができあがっていったのだ。

まず、北京の四合院は、他の地域の四合院に比べて防御に気を配っている。もともと四合院は、敷地いっぱいに建物を配置し、他人に見られたり侵入されたりしないようにつくられているのだが、北京はそれがとくに極端で、外部に通じているのは、扉と小さな切妻屋根がついた「大門」だけだ。建物の敷地境界側には、換気のための小さな窓ぐらいしかなかったのである。

そのため、通りを歩いても四合院だとはわかりにくい。西洋の邸宅のような目を楽しませる建物が並んでいるわけではないのだ。レンガなどの平坦な壁がつづいているばかりで

四合院俯瞰図

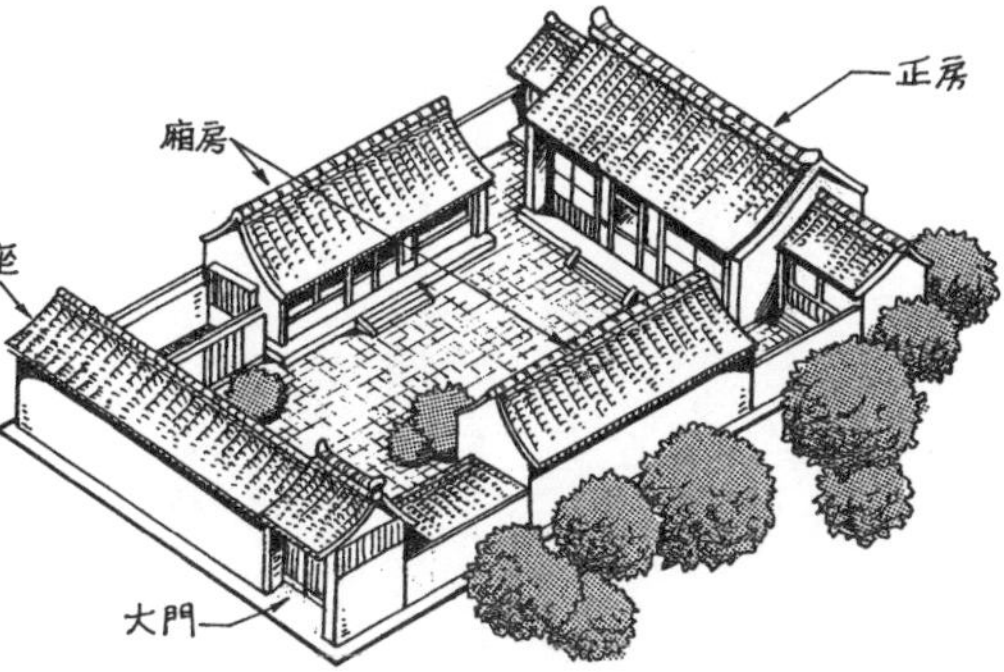

ある。四合院の魅力は、中庭まで入らなければわからない。ただ、大門だけは例外。とくに清代には、主人の地位によって規模や形式などが変わったので、主人の地位を示す一種のステータス・シンボルともなった。

この大門は家の南東の隅にあり、道路は家の南を走っていた。これは北京の四合院の特徴で、風水からきている。風水では、南東に玄関があるのを吉相としているのである。これが変更されるのは、入り口が南東では出入りの都合が悪いという場合だけだったという。

北京の四合院の建物は、北側が「正房」と呼ばれる建物で、もっとも上位に位置し、家長夫婦の部屋となっている。北側の建物は南が中庭に向かって開いており、もっとも日当たりがよくて快適だったからだ。東西の建物は「廂房《しょうぼう》」と呼ばれ、家族構成にもよるが、息子とその妻子などが住んだ。大門に隣接して南側に位置する建物は「倒座」と呼び、四合院のなかでもっとも格下で、使用人の部屋などになった。

このように、四合院の建物には順位が決められ、それによってだれが住むかが決まっていたのである。漢民族の富裕層の伝統的な家族制度は、儒教《じゅきょう》の教えにもとづき、長幼の序を重んじた家長中心の大家族制で、建物の順位はそれに従ったものだった。

また、中庭が広く、建物は平屋建てとなっているのも北京の四合院ならでは。これは冬の寒さが厳しいため、中庭にできるだけ日が当たるようにという知恵である。

北京ではもうひとつ、同じような規模の家が多いという特徴がある。これは、建物の配置や間口の広さや形式や装飾など、地位によって建築に関するさまざまな規制があったからだ。たとえば、平民では、正房の間口は三間以内で、装飾の少ないものと定められていた。そういった制約に従ってつくると、同じ平民であれば、建物の広さや配置や中庭の広さなど、よく似たものとなったのだ。

もっと上流階級になると、中庭を複数に分け、そのあいだに門を設《もう》けている邸宅もあった。また、主人の通路と別に、使用人や女性のための通路が設けられている家もあった。女性の通路を別に設けたのは、上流階級の女性はあまり人前に姿を見せるものではないとされていたからである。

四合院の住居では、相手によってプライバシーの守り方を変える工夫もあった。たとえば、見知らぬ人や行商人などがやってくれば、大門の屋根の下までしか入ることを許さない。大門のすぐ奥には、風水で魔よけとされる「照壁」が置かれていたが、これは、大門まで入った客の視線をさえぎる役割もはたしていた。ふつうの来客は中庭か客室まで入ることができ、ごく親しい友人や身内だけが、個人の部屋に招かれた。複数の中庭がある家なら、親しい人ほど奥まで入ることができた。

このようにして、親密さのていどなどによって客をランクづけし、どこまでプライベートな空間に入ることを許すか決めたのだ。

こういったさまざまな取り決めを頭において、見学していくと、住む人の家柄が浮かび上がってくる。

〈フランス〉シャルトル大聖堂 聖なる空間をつくりだす神秘のステンドグラス

フランスのシャルトル大聖堂は、ひじょうに歴史が古い。この地は、もともとガリア人とケルト人のドルイド教の聖地であり、大地の女神が祀《まつ》られていた。この女神信仰とキリスト教の聖母信仰が似ていたことから、ローマ時代、女神を祀る寺院がキリスト教の聖堂

その壮麗さに、ゴシック様式の傑作とまでいわれるシャルトル大聖堂。

に改造された。それが破壊されたのち、四世紀中ごろまでに聖母マリアを奉じる聖堂が建てられ、そののち何回か再建されたのである。

　現在の建物は、一一九四年に起きた大火でそれまでの建物の大半が焼失したあと、わずか二六年間で再建されたゴシック様式（43頁参照）の建物だ。壮麗《そうれい》な大聖堂がそれほどの短期間で完成したことから、当時の人々の信仰がいかに熱狂的だったかがうかがえよう。

　シャルトル大聖堂は、ゴシック様式の傑作といわれる。アーチ型天井を支える飛び控え壁（斜めのつっかい棒）を洗練させて細身にし、入り口の周囲などを数々の彫刻で飾った。

　こういった建築上の工夫や彫刻群も第一級の大聖堂ではあるが、この大聖堂の最大の魅力は、やはり数々のすばらしいステンドグラスによってつくりだされる空間だろう。

　ステンドグラスは、黒い鉛の枠に色ガラスをはめて絵画をつくりだしたもので、ゴシッ

聖なる空間をつくりだすステンドグラス。シャルトル大聖堂のものは質、量ともに最高峰を誇る。

ク建築とともに登場した。ゴシック様式の登場によって、大聖堂は多数の大きな窓をもつようになり、そこにステンドグラスがはめられるようになったのだ。

自然の光をさまざまな色彩の神秘的な光に変えるステンドグラスは、聖なる空間をつくりだすのにふさわしい。そのため、数多くの聖堂に用いられた。そのなかで、質、量ともに最高峰を誇るのがシャルトル大聖堂のステンドグラスなのである。

シャルトル大聖堂のステンドグラスは、一一九四年の火災を免《まぬか》れた一二世紀のものがごく少数と、再建後の一三世紀のものが多数ある。

まず、一二世紀のステンドグラスには、西正面の三連窓がある。製作は一一五〇年ごろで、右側の窓がキリストの系図をあらわした『エッサイの樹』、中央の大きな窓が『キリストの生涯』、左側が『キリストの受難』だ。また、内陣南側にある『美しきガラス窓の聖母』も、火災を免れたのち、そこに移された貴重な作品だ。

これら一二世紀のステンドグラスは、どちらかというと抽象的で、清らかな青と炎のような赤が対比を見せる。とくに青は、「シャルトルの奇跡の青」とたたえられる至高《しこう》の青だ。これ以上に美しい青を出せたステンドグラスはほかにないといわれる青であり、ぜひとも見ておきたい。

これに対して、圧倒的多数を占める一三世紀のステンドグラスは、一二一〇年ごろから一二四〇年ごろまでの約三〇年間につくられた。青の美しさは一二世紀の作品に劣るものの、黒い輪郭線は一二世紀のものより自由で大胆になる。

一二世紀のものと一三世紀のものとを合わせて、四〇〇〇近くもの絵柄のステンドグラスが一七六もの窓にはめられている。そのうち八割以上が製作当時のままの姿を残しており、まさにステンドグラスの宝庫といっていい。

ステンドグラスに囲まれたシャルトル大聖堂内部の空間は、太陽の動きによって刻々と色合いを変化させる。朝は東側のステンドグラスを通して光がさしこみ、時間とともに光は南の窓に、次いで西の窓にと移ってゆく。太陽の光なしには、ステンドグラスは輝きを発しない。太陽の光がステンドグラスを通ることによって、神秘的な光が生み出され、それが時間とともに変化する。

シャルトル大聖堂では、時間が許せば、この光の変化も味わいたいものだ。この変化は、敬虔《けいけん》な中世の人々に、いっそうここを神に近い空間と感じさせたのではないだろうか。

〈インド〉ステップウェル
〝地下の楽園〟とつながる宗教施設としての井戸

井戸というと、だれしも、掘った穴からつるべやポンプなどで地下水を汲《く》み出すだけのかんたんなものを思い浮かべるだろう。

だが、インド西部のグジャラート州を中心に分布する「ステップウェル（階段井戸）」は、一般的に考えられている井戸とはずいぶん違う。

ステップウェルは、現地では「ヴァーヴ」と呼ばれ、地下水が湧《わ》き出る深さまで、列柱で支えられた何層もの地下空間を、階段で下りていく。インド西部は、一年のうち二〜三か月しか雨が降らないため、渇水期に生活や農耕などに必要な水を確保するためには、深い井戸が必要不可欠だった。

では、ステップウェルが水を確保するためだけの施設なのかというと、そうではない。ステップウェルは、生活用水の施設であると同時に、宗教施設でもあったのである。その

ため、ステップウェルは、柱や梁《はり》や壁などに浮き彫りがほどこされ、芸術的な建築物となっている。

この井戸が宗教施設でもあったのには理由がある。古くからのインドの宇宙観では、地下世界は楽園と考えられてきた。地下は母なる大地の胎内であり、安息と癒《いや》しの空間とされたのである。それに水の神への信仰も古くからあり、宗教行事に水は欠かせないものだった。

大地と水への信仰があれば、地下深い水場は、大地の霊と水の霊が結びついた聖なる空間としてとらえられる。また、地下深くまで階段を下りていくのは、母なる大地への胎内回帰でもあった。とくにステップウェルが集中するグジャラート州一帯では、大地の母神は水や水場に結びつけて信仰されているという。そのような信仰をもつグジャラートの人々にとって、井戸が宗教施設となるのは自然のことだったのだろう。

ステップウェルの水場に下りる機会があれば、このインドの人々の信仰を思い出し、聖なる空間に下りていく気分を味わいたい。

地下深い水場は、暑い地上とはうって変わり、ひんやりと涼しい。猛暑のインドに住む人々が地下を楽園ととらえた気持ちがわかる。

水場の上は地上まで吹き抜けになっていて、頭上から一筋の光がさしこむ。吹き抜けの穴の形は多角形や円形が多い。多角形の場合、角の部分に柱がつくられるため、下から見上げると、柱の張り出しによって、円形に近く見えることが多いようだ。また、穴が複数の井戸もある。

下から上や周囲を見ると、土の圧力を受けとめる壁梁、それを支える柱も目に入る。石の梁と柱は立体的な格子《こうし》模様をつくりだして力強く、聖なる空間の雰囲気を盛り上げる。

このような聖所なら、むかしのインドの人々はさぞかし厳粛《げんしゅく》に水汲みをしていたのだろう……と思うところだが、そうではない。ステップウェルは、人々の社交や憩いの場としても利用されていた。

日本人の感覚からするとふしぎだが、インドでは、伝統的に聖と俗が重なりあって存在する。聖なる空間を社交や憩いの場とするのは、インドの人々には自然な成り行きであったのだろう。外に比べてひんやり涼しいステップウェルには、酷暑を逃れて下りてきた人々がくつろいだり、昼寝をしたり、おしゃべりを楽しんだりしていた。

ステップウェルとは、聖なる空間であると同時に憩いの空間で、生活や社交の空間でもあるというような、複合した要素を持ち合わせている。

〈イタリア〉サン・タンドレア・アル・クイリナーレ 劇場のような空間をもつ教会建築の傑作

ローマにある「サン・タンドレア・アル・クイリナーレ（クイリナーレ通りにある聖アンドレア教会）」は、バロック建築の傑作として名高い。建てたのは、一七世紀の天才建築家ジャン・ロレンツォ・ベルニーニ（一五九八〜一六八〇年）である。

ベルニーニは、内部空間を重視し、空間を劇場の舞台のように装飾した。ルネサンスの時代には幅広い分野で活躍する「万能人」が数多くいたが、彼もそのひとりで、建築、彫刻、装飾、舞台美術、絵画など、さまざまな領域を融合した総合的芸術によって、バロックの宗教感情を空間に表現した人物といえるだろう。

サン・タンドレア・アル・クイリナーレは、彼の総合的芸術の代表作で、一六七〇年に完成した。そこには、教会建築の枠にはとどまらない、さまざまな趣向が見られる。

まず、この教会は、平面がキリスト教の教会としてはきわめて異色で、横長の楕円《だえん》となっている。主祭壇《しゅさいだん》はまるで劇場のように見える。横に広がった空間は、明暗の対比をうまく使って、実際より広く感じられるように工夫されている。

このつくりのために、入り口を入ると、視線は主祭壇に向かう。

主祭壇の上部からは一条の光がさしこむ。主祭壇の上部は開口部が開け、その上は窓からの外光で明るく照らされた空間になっていて、その光が開口部からさしこんで主祭壇を照らすのだ。

主祭壇には、ボルゴニョーネ（一六二一〜一六七六年）が描いた『聖アンドレアの殉教《じゅんきょう》』があり、開口部からの光はこの祭壇画を照らす。聖アンドレアは殉教を遂げた聖人で、祭壇画はその歴史的事実を描いたものである。

さらに主祭壇前の小祠《しょうし》（エディキュラ）の上に注目したい。ここには、雲に乗った聖アンドレアの像がある。

像は開口部からの光に向かって両手を広げ、天井には、天に昇ろうとする彼を迎えて、多数の天使たちの彫像がひしめく。

開口部からさしこむ光は、高所に神がいることを暗示する。光にあふれた高所は聖なる空間で、礼拝者たちが立つ下部は世俗の空間を示している。天国だけを表現したのでは、人間性重視のルネサンスを経験した一七世紀の人々にとって、ひとりひとりの祈りにつながらない。バロックの時代の宗教感情を表現するには、聖と俗を結びつける必要がある。

その点サン・タンドレア・アル・クイリナーレの内部空間は、建築と絵画と彫刻を用いて、殉教した聖アンドレアが俗の空間から聖なる空間へと飛翔《ひしょう》していくさまが、ドラマチックに表現されている。教会の内部空間が、立体映画さながらに、聖アンドレアの昇天劇の舞台であり、観客席ともなっているのである。キリスト教がなかなか肌で感じ取れない日本人でも、こうした空間では居心地のよささえ伝わってきそうだ。

〈トルコ〉ハギア・ソフィア大聖堂 空中に浮かぶドームがもたらす「光の芸術」

ビザンツ文化やその影響を受けた宗教建築には、中央に大きなドームをもつものがよく見られる。このドームを広めるもととなったのは、トルコのイスタンブールにあるハギア・ソフィア大聖堂だ。「ハギア・ソフィア」とは「聖なる叡知《えいち》」の意味である。

ハギア・ソフィア大聖堂は、東ローマ帝国のユスティニアヌス一世（在位五二七〜五六五年）によって建設された。五三二年、工事に着工して、わずか五年後の五三七年に完成。

設計と工事の指揮を担当したのは、数学者のアンテミオスとイシドロスだった。彼らは、前代未聞の巨大な大聖堂を設計するにあたって、相容《あいい》れないはずのふたつの形式を融合させることをやってのけた。それはバシリカ形式と集中形式を融合させたことである。

バシリカ形式とは、古代ローマ時代のバシリカ（集会堂）をもとにした形式。細長い身廊《しんろう》の両側に、それより幅が狭くて天井の低い側廊があるのが基本形で、これに翼廊が設けられることもある。基本形だと長方形で、翼廊がつくとオーソドックスなラテン十字になる。いずれにしても、長軸方向の軸線をもつ箱型の空間だ。

これに対して集中形式は、正多角形や円、四つの辺が同じ長さのギリシア十字など、中心をもつ点対称の平面となる。中央にドームをもつことが多く、ドームに向かう軸線が重視される。

ローマ時代の聖堂は、このふたつのうちバシリカ形式が一般的だった。集中形式は洗礼堂などに主に用いられた。

ハギア・ソフィア大聖堂は、身廊が細長く、バシリカ形式の箱型と長軸の軸線をもっているが、同時に、中央に巨大なドームをもち、周囲から中央に向かって高くなっていくという集中形式に見られる軸線も持ち合わせている。

この中央のドームは直径約三〇メートルという巨大なものだが、その下にドームをとちゅうで支える柱は一本もない。まるで天空から吊り下げられているかのようだ。左右に設けられた大ドームより低い半球ドームが、大ドームを支える役割をはたしているのである。

ハギア・ソフィア大聖堂では、このドームの下にぜひ立ってみたい。柱にじゃまされない広い空間と、ドームから入る光の演出に圧倒されることだろう。バシリカ形式と集中形式の融合によって可能になった広々とした空間に、ドームの基部を取り巻く窓から入る光線が何層にもなってふりそそぐ。足元は薄暗いのに、高いところは薄青い光が神秘的な広がりを見せる。

建設当初は、いまよりさらに光の芸術が輝いて見えたようだ。五三七年一二月二七日の献堂式のようすを、プロコピウスという人物が書き残している。

「その空間は外部から入る陽光によって照り映えるのではなく、光輝《こうき》が堂内でつくりだされるのだといっても過言ではあるまい。かくも豊かな光が、この会堂全体に満ちあふれているのである」（『西洋の建築―空間と意味の歴史』クリスチャン・ノルベルグ＝シュルツ）

まさに天から降ってくる神秘的な光が満ちあふれる空間が、この大聖堂のなかにつくられていたのである。

このときのドームは五五七年の地震がもとで倒壊し、五六二年に以前より安全なドームが新しくつくられた。さらに長い歳月のうちに部材が黒ずんで光を反射しなくなったり、鮮やかなモザイクの上に漆喰《しっくい》が塗られたりして、かつて会堂全体に満ちあふれていた輝かしい光は、往時よりはるかに淡いものとなっている。

それでもなおドームの下に立つと、あふれる光の演出によってビザンツ時代の人々を驚嘆させた荘厳《そうごん》な空間の一端を見せてくれる。

ハギア・ソフィア大聖堂は、その後のビザンツの聖堂に大きな影響を与えた。中期以降のビザンツ帝国の聖堂は、ほとんどがバシリカ形式の箱型の空間と、ドームに向かう軸線をもっている。ドームをもつ聖堂は、ビザンツ帝国の版図《はんと》となった地域すべてに広がった。さらには、イスラムのモスクにまで影響を与えたのである。

〈イギリス〉バース 温泉の街を彩る古代ローマ風建築の数々

お風呂のことを英語で「バス」というが、その語源となったのは、イギリスの有名な温泉保養地バースである。

バースは、紀元一世紀ごろ、ローマ人が温泉を発見したことから開発がはじまり、浴場とプールを中心に街がつくられた。その後、この温泉地はさびれてしまったが、一八世紀になって、アン王女がこの地を訪れ、英国の保養地として復活させた。そして、ロンドンからバースにやってきたリチャード・ナッシュという賭博師《とばくし》が、財をなし街の大改造にとりかかったことが、この温泉地をイメージチェンジさせたのである。ナッシュは協力者となった裕福な実業家のラルフ・アレンとともに、建築家ジョン・ウッド（一七〇四〜一七五四年）を起用して、街の景観を大きく変える建設事業に着手した。

建物の建設には、ラルフ・アレンが所有する採石場の石材が用いられた。この石材は、

円形広場のサーカスは、古代ローマ時代の円形闘技場コロッセオを彷彿とさせる。

蜂蜜《はちみつ》のような色の石灰石で、以降、バースの街の建物のほとんどにこの石材が用いられることになる。これは、街全体の色の統一をとるのに一役買っている。

ジョン・ウッドは、当時のイギリスで流行していたパッラーディオ様式(44頁参照)で街を改造したいと考えた。パッラーディオ様式は、イタリアのルネサンス期の建築家パッラーディオの芸術原理に従った様式で、ウッドはこれにもとづいて、古代ローマ風の円形闘技場や広場を備えた街をつくりたいと思ったのだ。

バースを訪れたら、街の北西にある広場「クイーン・スクエア」に行ってみたい。ここは、街の改造計画でウッドが最初につくった広場である。

彼の建設計画は同名の息子ジョン・ウッド(一七二八〜一七八二年)に受け継がれた。彼の建築でもっとも有名なのは集合住宅ロイヤル・クレセントで、三〇の住居が長さ一八〇メートルの半月形に連なる。バースでもとくに名高い建物で、一見に値する。

息子のウッドはまた、父が着工した円形広場サーカスをジョージアン様式で完成させている。これは、円形の広場の周囲を三階建ての集合住宅で囲み、建物の外観はローマの円形闘技場コロッセオに似せてある。そのため、広場のなかに立てば、まるでコロッセオを裏返しにしたようだ。

これらに見られるジョージアン様式（44頁参照）は、パッラーディオ様式の影響を受けて誕生し、一八世紀〜一九世紀はじめのジョージ王朝時代のイギリスで流行した様式である。この様式もパッラーディオ様式同様古代ローマ風だが、一八世紀後半には、古典的な様式のたんなる模倣《もほう》ではなく、新しい技術や装飾を加えて独自の様式として発展していった。

バースの街を歩くと、ジョージアン様式で統一された蜂蜜色の優雅なテラスハウスが立ち並ぶ。これほど建物の様式や素材が統一された街はめずらしいだろう。この建物の統一は街全体に反映され、統一感のある空間をつくりだしている。一八世紀のイギリスの上流階級が社交と保養を楽しんだ空間だ。古代ローマの古典的な様式にルーツをおいているだけに、浴場などのローマ時代の遺跡とも調和し、統一感がとれている。

バースは、一八世紀イギリスの上流階級の空間が、いまも残されている街なのである。

4

どんな険しい場所もいとわない――

不可能を可能にしたたくましき地形利用

〈ギリシア〉メテオラ　断崖の上にそびえ立つ「天国にいちばん近い」修道院

ギリシアのテッサリア高原にあるメテオラは、大地から巨大なタケノコのように生えだした奇岩が六〇ほどもそそり立つ。高さは、低いものでも二〇〜三〇メートルで、高いものだと四〇〇メートルにも達する。岩には鮮やかな縞《しま》模様が走り、そのためか、あたかも岩山が地上から離れて宙に浮いているように感じさせるふしぎなたたずまいを見せている。「メテオラ」の地名はそこからついたもので、語源は「空中に浮いている」という意味のギリシア語「メテオロス」である。

メテオラの奇岩群がいつごろどうやって誕生したのかははっきりしないが、一説によると水の浸食作用でできたという。近くの山脈を流れる水が谷を削り、硬い岩の層だけが残されて、周囲からそそりたつ岩山になったと考えられている。

この岩山群は、周囲は断崖《だんがい》で、頂上まで登るのはとても不可能と思える。それにもかかわらず、これらの岩山の上には、なんとギリシア正教の修道院が建っているのだ。

登るのもむずかしい岩山の上に、重い石材を運んで修道院を建てる労苦は想像にあまりある。どうしてこのような場所を修道院の立地として選んだのだろうか。

ギリシア正教の修道院では、伝統的に修道会組織はつくらず、修道士個人の修行や信仰のあり方を重視してきた。修道士たちは、人里離れた大自然のなかで修行をし、神に近づこうとしていたのだ。

伝えられているところによると、九世紀ごろから、そのような自然のなかでの修行をこころざす修道士たちが増えたという。神秘的な光景に惹《ひ》かれたのか、メテオラの地にやってきて岩の割れ目などに庵《いおり》をつくった。その後、戦乱を逃れた修道士たちが集まって共同生活を送るようになった。

そして一四世紀半ば、アタナシウスという若い修道士が、そそり立つ巨岩を見上げて考えた。

「あの頂上に行けば、少しでも天国の神に近づける」

アタナシウスは、天国にもっとも近いところに修道院を建てようと決意した。

では、彼はどのような方法で頂上に修道院を建設したのだろうか。

これには諸説ある。そのひとつに、凧《たこ》を利用したという説が地元に伝わっている。フックをつけたロープを凧にくくりつけて飛ばし、フックの先を岩にひっかけて、そのロープを頼りに絶壁をよじ登った。ロープには建築資材を入れたカゴを結びつけておき、頂上についてからそれを引き上げたという。

また別の説では、麓《ふもと》から登山のようにして岩をよじ登り、ロープと滑車を山頂に運んで、建築資材を引き上げたという。

もちろん、修道院を建設するには、大量の資材が必要になる。彼は何度も資材の引き上げを繰り返し、修道院建設の作業をつづけたが、志《こころざし》なかばにして亡くなってしまう。だが、彼の遺志を継いだ修道士たちが建設作業をつづけ、ついに完成させたのである。

このメテオラ最初の修道院は、メガロ・メテオロン修道院（大メテオラ修道院）という。メテオラのなかでも最大の岩山の上に建ち、りっぱな礼拝堂や五〇ほどの僧坊ももつ。

このあと、メテオラには次々と岩山の頂上に修道院が建設された。現在も活動しているのは、そのうち、メガロ・メテオロン修道院をはじめとする六つの修道院だ。

修道士たちは、絶壁にハシゴを垂直に立てたり、ナワで編んでつくった袋を滑車で上げ降ろしして、さまざまな物資を修道院に運んで暮らした。不便な暮らしではあるが、修道士たちにとっては、それは絶好の環境だった。下界と隔絶《かくぜつ》された岩山の頂上という厳しい環境は、ギリシア正教の修道士たちにとって、神と対話する場を設《もう》けるのに格好の場所だったのだ。

メテオラの修道院を訪れたときには、修道院の建物もさることながら、なによりもこの岩山の頂上という環境を肌で感じたい。ここでは、修道院の建物そのものより、この厳しい環境が建築の重要な要素になり、建物を価値あるものとしているのである。

〈ペルー〉マチュ・ピチュ
標高2300mの山の斜面に築かれた空中都市

南米のアンデス山脈には、インカ帝国の都市遺跡がいくつも残されている。そのなかでもとりわけ驚異に満ちているのが、空中都市マチュ・ピチュだ。

マチュ・ピチュは、標高約二三〇〇メートルの尾根から急斜面にかけて建設された。その急な斜面のはるか下にはウルバンバ河が流れる。とても巨大な都市が存在するとは思えない場所である。

それだけに、インカの都市がスペイン人によって次々に陥落《かんらく》していったときにも、この

マチュ・ピチュだけは発見されなかった。一九一一年にアメリカの歴史学者ハイラム・ビンガムが発見して、マチュ・ピチュははじめて世に知られることとなったのである。

このような山頂に巨石を運んで都市を築くのは、想像を絶する困難をともなったことだろうが、いったい何の目的で築かれたのか。

これは謎に包まれているが、いくつかの推測がなされている。

まず、ひとつには、戦いのための要塞《ようさい》都市という説がある。マチュ・ピチュはインカ帝国の幹線道路からはずれており、見つけにくい。川と峰に囲まれた自然の要害は、要塞にうってつけだ。それに、遺跡の周囲には高さ約五メートルの城壁も見られる。

こういった点から、マチュ・ピチュは、のちにはスペイン人と戦うゲリラ戦の基地として用いられたのではないかと考えられている。

もうひとつには、特別な宗教施設という説がある。インカでは太陽を神として崇《あが》めており、少しでも神のいる天空に近づこうと、山頂に神殿をつくることがよくあった。マチュ・ピチュもその宗教的情熱によって築かれたのではないかというのである。

ともあれ、マチュ・ピチュには、神殿や「インティワタナ」と呼ばれる聖域があった。この都市がもともと何の目的でつくられたにせよ、ここに聖域があったことと、インカ皇帝によって築かれたことは疑う余地がない。

マチュ・ピチュをめざして山を登ったとき、まずあらわれるのが、急斜面につくられた段々畑だ。この段々畑は、精巧に石が積み上げられ、たいへん美しく、下から見上げると、まるで天までつづく巨大な石段のように見える。

この段々畑は、マチュ・ピチュに住む人々が食べる食糧の生産のためと考えられているが、それ以外の目的があると考える人も多い。

たとえば、農業の研究をおこなっていたという説が近年注目されている。インカ帝国は農作物の品種改良に力を入れており、国家機密とするために、マチュ・ピチュで農業の研究をおこなっていたのではないかというのである。

また、柳谷行宏氏は、『写真でわかる謎への旅　マチュピチュ』で、宗教的な意味があったのではないかと述べている。農耕地区だけでなく、居住地区のぎりぎりまで、また近くにそびえるワイナ・ピチュの山頂近くにまで段々畑をつくる執拗《しつよう》さは、耕地面積をふやしたかっただけとは思えない、というのがその理由だ。

この段々畑を上がると、精巧な石造りの建築群が広がる。山頂のわずかな平坦部に広場があり、広場の南側の丘に神域、東側の丘に「女王の宮殿」と呼ばれる宮殿、北側の丘に貴族の居住区、その東の一段低くなったところに技術者の居住区がある。

山の尾根に築かれただけに、マチュ・ピチュには平地がほとんどなく、あちこちに花崗《かこう》岩《がん》製の階段が設けられている。全部で三〇〇〇段以上の階段があるといわれ、階段状の街といってもよいほどだ。規模の大きな階段としては、聖域「インティワタナ」につづく階段を見ておきたい。インティワタナは円錐《えんすい》形の丘の頂上にある太陽の礼拝所で、マチュ・ピチュの人々は、冬至《とうじ》の日、広場からインティワタナまで行列をつくって登っていったと考えられている。

この階段や段々畑のある景観は、マチュ・ピチュをより魅力的な空間にしている。高低差があることにより、都市の下に霧《きり》がかかったときなど、マチュ・ピチュが空中に浮かんでいるかのように見えるのだ。マチュ・ピチュを築いた人々は、それを計算して、地形の高低差をうまく利用したのかもしれない。

〈トルコ〉カッパドキア
無数の奇岩の下に、地下20階の巨大な地下都市が広がっていた

洞窟で修行する世捨て人の住まいというと、ひとりか少数で住まう小さな岩窟を思い浮かべるところだが、トルコのカッパドキアはそのイメージを打ち砕く。この地のキリスト教徒の世捨て人たちは、驚くほど大規模な地下都市を築いたのだ。

この地下都市が築かれたカッパドキアは、アナトリア高原の中央部にある火山灰台地で、独特の奇観が広がっている。尖塔《せんとう》のような形の岩やキノコのような形の岩など、奇妙な形の岩が無数にそそり立っている。火山灰がかたまってできた凝灰岩《ぎょうかいがん》の台地が、長いあいだに雨や風に浸食され、やわらかい部分が削られてできた景観である。

凝灰岩はやわらかく掘りやすいので、石器時代から青銅器時代にかけて、人々はこぞって洞窟を掘って住むようになった。

さらに三世紀になって、ローマ帝国のキリスト教迫害が激しくなると、多数のキリスト教徒たちが迫害を逃れてこの地にやってくるようになった。厳しい生活や自然のなかでの神との対話を望んでやってくる修道士たちも大勢いたようだ。

彼らは、はじめは地下ではなく、そそり立つ奇岩に岩窟を掘った。

地元の住民たちは、古くから岩に洞窟を掘って住居に利用しており、キリスト教徒たちも同じようにして岩窟聖堂をつくったのである。

カッパドキアのギョレメ渓谷《けいこく》には、三六〇以上もの岩窟聖堂や岩窟修道院がつくられたといわれ、そのうち聖バルバラ寺院やトカリ寺院など三〇以上が、保存状態もよく現存している。カッパドキアでは、ぜひこれらの岩窟聖堂を見ておきたい。岩窟聖堂は地上の教会が岩窟に再現されており、しかも内部には、キリストの生涯などを描いたフレスコ画の数々が、きわめて良好な保存状態で残されているからだ。

とはいえ、カッパドキア最大の驚異的建築物は、やはり地下都市だろう。

一一世紀ごろから、この地のイスラム化が進み、カッパドキアのキリスト教徒たちは、イスラム教徒の迫害を逃れるために地下にもぐったのである。地下の隠れ家はしだいに拡大し、巨大な地下都市になっていった。カッパドキアには、有名なカイマクルをはじめ、三六もの地下都市が見つかっている。

これらの地下都市には、暗いながらに生活できる広さと、都市機能があった。寝室のほか、礼拝場、共同炊事場、食糧貯蔵庫、ブドウ酒製造場、汚物用のカメなどもあり、井戸や空気穴のために、地下都市を貫く深い竪穴《たてあな》も設けられた。煙突や通気口は各階に通じており、煙突が外から見つからないような工夫もされていた。

地下都市の深さは、発掘されただけでも地下八階におよび、深さは七〇〜八〇メートルもある。近年、これよりさらに深い層があることがわかり、最深はなんと地下二〇階に達するという。現代都市の地下街でもとうていおよばない規模だ。

しかも、地下都市は、深いうえに通路が入り組んでおり、都市と都市を結ぶ通路まであった。通路では大きな円盤状の石の扉も発見されている。敵が侵入してきたときには扉を転がして、通路をふさぐ仕組みだったようだ。

イスラム軍がこの地にやってくることはついになかったが、もし仮にイスラム軍が進攻してきてこれらの地下都市を見つけたとしても、隠れ住むキリスト教徒たちの大半は逃れることができたのではないかと想像できるほどの緻密《ちみつ》な空間である。

これら地下都市の人口はというと、はっきりしたことはわからないが、カイマクルの場合で、二万人を収容できたといわれている。地下都市すべてを合わせれば、一〇〇万人以上を収容できたのではないかともいう。

いくら凝灰岩が掘りやすい岩だといっても、これほどの地下都市を掘るには相当な労力を費やしただろう。掘った土を運び出すのもたいへんだったはずだ。地下都市建設で出たはずの大量の土砂は見つかっておらず、どこへ持ち去ったのかは謎となっている。

〈チュニジア〉マトマタ 入口を見つけるのも困難な砂漠の地下住居

北アフリカに位置するチュニジアの内陸部は、樹木もまばらな岩山がつづく半砂漠地帯で、このような風景に溶け込むようにしてマトマタの村がある。というのも、この村は地下に住居があるので、じつに殺風景《さつぷうけい》だ。

マトマタの地下住居は、地上に立ってあたりを見まわしても、どこにあるかわからない。探すには、周囲一帯にうねっている丘の上に登って、歩きまわってみるしかない。

すると、直径約八メートル、深さ一〇メートルほどの竪穴が見つかる。穴の形は、方形のこともあるが、円に近いふぞろいの形が多い。竪穴の岩壁には、横穴がいくつも開けら

れている。これが一戸の地下住居なのだ。

地下住居への入り口は丘の斜面などにあって、トンネルを通って入る。竪穴の底には井戸があって、中庭のような感じだ。穴の壁に並んだ横穴は、寝室や台所や物置など、各部屋への入り口や窓である。入り口にはきちんとドアもある。現代では近代化が進んで、電気も通っていれば、インテリアも整っている家も多い。

各部屋の壁や天井は、漆喰《しっくい》で白く塗られている。竪穴の内側の岩壁も、手の届く高さまで白く塗られている。

それにしても、こんな深い穴を掘って家をつくるのはたいへんなはずなのに、わざわざ地下に家をつくった理由は何だろうか。

これは、伝えられているところによると、先祖の苦難の歴史にルーツがあるという。

チュニジアの人々は、ベルベル族と呼ばれる民族で、七世紀ごろからアラブ人の襲撃を受けるようになり、しだいに内陸部に追い詰められていった。そこで、襲撃者たちが見つけにくいように、地下住居をつくるようになったのだといわれている。

また、砂漠地帯ではひどい砂嵐が起こることがある。地下に住居をつくったのには、この砂嵐を避けるという理由もあったようだ。

では、実際の住み心地はどうなのだろう。

われわれの感覚では、地下はじめじめして住み心地が悪そうに思えるが、チュニジアのような乾燥地帯にあってはそうではない。土は乾燥しきっており、雨が降ってもすぐに地中に吸い込まれて、乾くのが速い。地下だからといって、湿気がこもったりはしない。

気温は、チュニジアのような砂漠地帯では寒暖の差が激しいが、地下は一年を通じて気温の差が少ない。夏の日中は、地上は酷暑となるが地下は涼しく、冬の夜は、地上は冷えこむが地下は暖かい。エアコンで調節をしているかのごとく、地下住居は快適なのだ。

つまり、地下住居は、チュニジアの気候によく適応した住まいなのである。アラブ人に襲撃される心配がなくなった今日まで、人々が地下住居に住みつづけているのは、この快適さによるところも大きいだろう。

このような地下住居は、チュニジアではマトマタのほかでも見られる。なかには地下住居のホテルもあるというから、見つかれば泊まってみたい。

〈日本〉
三仏寺投入堂
断崖絶壁にたたずむ美しき国宝

崖の上に建てられた建築物は国内外にいくつもあるし、崖の下に建てられた建築物もめずらしくはない。だが、断崖絶壁のごくわずかなくぼみに建てられた建築物となると、日本の三仏寺《さんぶつじ》投入堂《なげいれどう》ぐらいのものではなかろうか。

三仏寺は天台宗の寺院で、鳥取県の三朝《みささ》温泉に近い三徳《みとく》山にある。本堂と僧坊は山麓《さんろく》にあり、文殊《もんじゅ》堂、地蔵堂、納経堂、投入堂などの奥の院は、本堂の岩山から頂上にかけて点在している。慶雲《けいうん》三（七〇六）年に修験道《しゅげんどう》の祖といわれる役小角《えんのおづぬ》が開いたと伝えられているから、ずいぶん古い寺院だ。

投入堂は、三仏寺のなかでひとつだけ国宝に指定されている建物で、奥の院のなかでも最高所の標高四七〇メートルに位置する。馬ノ背、牛ノ背、カズラ坂、クサリ坂などの難所を越え、けわしい道を登っていくと、登山道の南側にそそり立つ断崖のくぼみに張りつくようにして、投入堂があらわれる。

投入堂は、奥まったところに左右対称の身舎《もや》があり、西側と前面にあたる北側にはひさし、東側に袖《そで》が延び、袖には格子の袖壁がつけられている。東に隣接して、愛染堂という

断崖絶壁のごくわずかな隙間につくられた三仏寺投入堂。

小さな堂が建ち、ふたつの堂が複合したつくりとなっている。

この堂は、一〇メートルも下の登山道からあおぎ見るほかない。南は断崖絶壁に接し、北と西と東は床下から崖の急斜面に柱を下ろした舞台づくりで、周囲に平地がまったくないため、近づくことも間近に立つこともむずかしい。

またこの堂はあおぎ見たときに美しいように築かれている。床下から延びた柱は、柱の角を落として八角形にし、実際よりほっそり見えるように工夫されている。柱の長さは崖面に合わせて長短さまざまで、それが垂直方向の躍動感をつくりだす。

屋根もまた、勾配《こうばい》がゆるく、反《そ》りを大きくしてあるため、下から見上げたときにひさし部分がよく見える。崖のくぼみのために雨があまり降りかからないので、勾配をゆるくして、下から見上げたときの美しさを考慮したのだろう。

とくにこの堂は、北西方向から見上げたときが美しい。山道を登っていったときに目に入るのが、北西方向からあおぎ見た外観なので、この方向から見るのを意識してつくられたものだと思われる。

この堂の柱に注目してみたい。投入堂の柱には、京都の清水寺の舞台のような水平の貫《ぬき》を通してはいない。柱を固定するためには、斜めに木材を渡してあるだけだ。これは、貫が普及する以前に建てられたことを示している。貫は鎌倉時代ごろから普及しているから、投入堂がいかに古い建物かがわかるだろう。斜めに渡された木は、無造作に見えてそれでいて自然だ。

それにしても、近づくのも困難な場所に、いったいどのように堂を建設したのか。

伝説では、役小角が白雲に乗ってこの地に飛来し、断崖に岩窟をうがち、麓《ふもと》でつくった堂を投げ入れたとされている。役小角は、神通力《じんつうりき》をもっていたとされる人物なのだ。

だが、もちろんこれは伝説であり、神通力などもたないふつうの人間が、苦心して築いたことは疑いない。建築年代も、役小角の時代よりは新しく、平安時代後期と考えられている。それでもきわめて古いことに変わりはない。

はっきりしたことはわかっていないのだが、NHK取材班の『NHK国宝への旅』第二〇巻のなかで、建築家の妻木靖延《つまきやすのぶ》氏が推論を立てている。

それによると、まず、身舎だけを先に建てたのではないかという。身舎の仮組みぐらいまで下でやっておき、部材をばらばらにして現場まで運び、組み立てる。柱は長めに切っておき、現場で斜面に合わせて下部を切り、長さを調節する。身舎は傾斜の比較的ゆるいところにのっており、柱はあまり長くない。

次に、身舎を頼りに足場や仮設物がつくられ、身舎を取り巻くひさしや、東に隣接した愛染堂がつくられたのではないかという。

この方法なら、全部いちどに建てる必要はない。とはいえ、このような場所に堂を建てるのが、たいへんな苦労をともなったことに違いない。いまにも落ちてきそうな投入堂を見上げれば、厳しい自然のなかで修行をつづけた修験者たちの情熱のほどが感じられる。

〈フィリピン〉

バジャオ族の家

海の上の高床式住居で集落をなす利点とは

建築物は陸上に建てられるもの。その常識を破った住居がフィリピンのスルー諸島で見られるバジャオ族の家である。

バジャオ族は、スルー諸島に住む集団のひとつで、彼ら自身は自分たちのことをサマとかサマ・ディラウトと呼んでいる。彼らは、なんと海の上に家を建てるのだ。彼らの家は、遠浅《とおあさ》の海岸や、ときには周囲に陸地のない浅い海に高さ二～三メートルほどの杭《くい》を立て、その杭の上に木造の家をのせた高床式住居なのである。

家は多数集まって集落をなし、家と家とは木でつくられた高床式の路地で結ばれている。海岸の集落の場合、海岸から高床式の桟橋《さんばし》を延ばし、桟橋から左右に路地を延ばして、その路地に面して家がつくられる。

路地のところどころには、「パンタン」と呼ばれるテラスが設けられている。パンタンは、魚や海藻を干して加工したり、漁具の補修をしたり、洗濯や調理などに使われる。また、子供の遊び場や、昼寝の場としても用いられる。近所どうしのコミュニケーションの場になったり、結婚披露宴やイスラム教の割礼儀式などの行事がおこなわれることもある。

バジャオ族が陸上ではなく海に家を建てる理由は、彼らが漁猟民族だということと関係が深い。バジャオ族は、農耕をおこなわず、漁業だけで暮らしている。彼らはもとは漂海民と呼ばれ、定住する家をもたず、船を家とし、漁場を求めて移動するのが伝統的な生活だった。それが二〇世紀のなかごろから、陸地や海上に高床式の家を建てて住むようになったのだ。

伝統的に船を家として暮らしてきた彼らにとって、定住する家も海上のほうが都合がいい。それは家の真下に船をつなぐことができるからである。

　また、海上では陸地より涼しい風が吹く。それに海上には、マラリア蚊などの害虫も少ない。暑さとマラリア蚊に悩まされがちなこの地では、陸地よりも海上のほうが快適で過ごしやすいのである。

　それに海上の家では、排泄物《はいせつぶつ》やゴミなどを海上に落とせば、満潮時になると海水が持ち去ってくれるという利点もある。

　もうひとつ、宮本勝氏と寺田勇文氏の『アジア読本　フィリピン』によると、町のなかのトラブルや行政組織から遠ざかっていたいという理由もあるという。

　こういった便利さや快適さが、海上に家をつくる理由だといわれている。

　とはいえ、もしもスルー諸島が台風の通り道なら、バジャオ族も海上に家をつくろうなどとは思わなかっただろう。もっと高緯度なら台風に悩まされるところだが、この地域は低緯度のために台風の進路からはずれている。

おかげで台風の心配をせずに海上に住むことができるのだ。

バジャオ族の家の内部は、佐藤浩司氏の『住まいをつむぐ』によると、間仕切りをせずに大部屋ひとつというケースが多いという。親族の複数の世帯がひとつの家で暮らしているような場合も、部屋割りはしないで共同生活を営む場合が珍しくないという。

この海上住居での暮らしは、かつての漂海民の生活をいまだによく残している。

まず、木造の建物は寿命があまり長くはなく、新築しやすいこともあって、バジャオ族は家をよく移り住む。もめごとが起こるとすぐに引っ越してしまうこともあるという。

それに、バジャオ族は、漁に出るときには家船が住居となると『アジア読本 フィリピン』では述べられている。結婚すると自分たちの家船をもち、ときには数週間も漁に出る。海上住居と家船の二つの住居をもつという、じつにぜいたくな暮らしだ。

前出の『住まいをつむぐ』によれば、バジャオ族の海上住居に住むメンバーは固定的ではないという。漁のために遠出し、そこで親戚の家にしばらく居候《いそうろう》するのは、よくあることらしい。

こうしてみると、バジャオ族の海上住居は、われわれが考える家とはずいぶん違う。家は財産であるとか、プライバシーの場という感覚は希薄に思える。漂海民の伝統をいまに残す彼らにとって、海上に建てた家は、一種の仮住まいなのかもしれない。

〈アメリカ〉
クリフパレス 危険な渓谷の崖につくられた大規模な集合住宅

ヨーロッパ人がやってくる以前のアメリカの先住民というと、テントで移住生活を送っていたイメージがあるが、じつは、日干しレンガや石で巨大な集合住宅を築いて定住生活を送っていた人々もいた。スペイン人が「プエブロ族」と呼んだ人々である。「プエブロ」とはスペイン語で「町」とか「集落」の意味である。

プエブロ族の集合住宅として有名なものに、コロラド州のメサ・ヴェルデ国立公園内に残された「クリフパレス」がある。

メサ・ヴェルデ国立公園には、メサと呼ばれる台地に、雨水の浸食によって刻まれた多数の渓谷があり、これらの渓谷の崖に、いくつものプエブロ族の集合住宅がつくられている。クリフパレスはそのなかでも最大の規模をもつ。八〇〇年ほど前に建設され、一二世紀に放棄されたとされる集合住宅で、プエブロ文化の年代区分ではプエブロ文化三期(一一〇〇～一三〇〇年ごろ)にあたる。

クリフパレスの全景は、台地の上から見るとわかりやすい。断崖のとちゅうからえぐれて大きなくぼみになっており、そこにビル街のような廃墟《はいきょ》が見える。四角形の部屋が二一

七ある大規模な集合住宅で、かつて二〇〇〜二五〇人が住んでいたといわれている。

建物は一〜四階建てになっており、崖側ほど高い。クリフパレスにかぎらず、プエブロ族の集合住宅では、背面になるほど高い雛壇《ひなだん》のようになっている。

遺跡まで下りて上を見上げれば、頭上に巨大な石塊《せっかい》がのしかかる。ずいぶん恐ろしげな場所に住居をつくったものだが、じつは意外に快適なのだ。南向きなので、太陽高度の低い冬には陽当《ひ》たりがよくて暖かく、太陽が真上にくる夏には日陰になって涼しい。

クリフパレスの建物は一見、現代のビルに似ているが、大きな違いがある。建物を見ながら歩いてみれば、壁面に鍵穴のような形の小さな窓があるだけで、入り口が見当たらないことに気づくだろう。

プエブロ族の集合住宅では、さすがに現代のものは外壁に入り口があるが、クリフパレスの時代には、入り口は外壁ではなく屋根に設けて、はしごを使って出入りしていたのである。外敵に襲撃されたときの防御のためである。

また、壁から水平に一列に突き出ている丸太《まるた》にも注目したい。これは、梁《はり》の端を切らずに壁の外に突き出させたものだ。プエブロ族の集合住宅は、梁にはヒマラヤ杉の木材を用いるが、木材は貴重品。そこで、再利用しやすいように、端を切らずに壁から突き出させるというわけだ。

クリフパレスでは、このビルのような建物群のほか、石畳《いしだたみ》に円形の穴がいくつもある。これは、もとは「キーバ」と呼ばれる半地下式の宗教建造物で、宗教儀式がおこなわれたようだ。クリフパレスには、このキーバが二三ある。キーバは、住居の部屋と同じく、ハシゴを用いて下りていくようにつくられていた。もとの形に復元されているものもあるので、下に下りてみるといい。石畳に小さな穴があり、ハシゴの端にあたる木の枝が二本突き出していたら、そこが復元されたキーバへの入り口だ。

キーバは、暗くてひんやりしており、床のほぼ中央に小さな穴がある。これは、「シッパプ」と呼ばれ、地下の世界に通じるとされていた。プエブロ族の伝説では、人間は地下から地上にやってきたとされており、この伝説にもとづいて地下世界につづくとされる穴が設けられたのである。

5

絢爛華美な装飾の秘密

建造物というより、もはや芸術作品――

〈インド〉タージ・マハル 世界中の宝石をちりばめた王妃の霊廟

世界の建築物のなかでも、とりわけ美しいものは？

そう聞かれれば、インドのタージ・マハルを思い浮かべる人も多いかもしれない。白亜《はくあ》の廟《びょう》タージ・マハルは、建設にまつわる愛の物語とともに美の極致として多くの人をとりこにしてきた。

タージ・マハルを建設したのは、ムガール帝国第五代皇帝シャー・ジャハーン（在位一六二八～一六五八年）である。彼は妃のムムターズ・マハルを熱愛しており、妃が三七歳の若さで死ぬと、彼女の思い出をとどめるため、居城のアーグラ城に近いヤムナー川のほとりに霊廟を築いた。それがタージ・マハルである。タージ・マハルの名は、王妃の名に由来する。

この霊廟の全体像を堪能《たんのう》したら、次は白大理石の壁面を飾るきらびやかな文様《もんよう》に目を向けよう。大理石にさまざまな色の宝石を用いて、花模様や幾何学模様、アラビア文字で書かれたコーランの章句が象嵌《ぞうがん》されている。教義を伝える壁画や像がなく、抽象的な文様で飾るのがイスラム建築の特徴だが、タージ・マハルの装飾はその傑作のひとつだ。

さまざまな色の宝石による抽象的な文様が美しいイスラム建築の傑作、タージ・マハル。

たとえば、四面に設《もう》けられた尖頭《せんとう》アーチのイーワン（アーチの周囲を四角く縁取りした門形）には、アーチの上部に色石の象嵌で唐草《からくさ》模様が描かれ、アーチを四角く縁取った外側には、コーランの章句が文様化されて描かれている。よく似たデザインは、廟と庭園の入り口となる楼門や、廟の東西に設けられた赤砂岩の建物にも見られる。

墓室には、ムムターズ・マハルとシャー・ジャハーン帝の模棺が並べて安置されているが、この模棺にも、さまざまな宝石の象嵌で花模様が描かれている。さらにみごとなのは模棺のまわりをめぐる障壁だ。この障壁は大理石に透かし彫りをほどこし、彩《いろど》る部分に宝石をちりばめたもので、その繊細な透かし彫りには目をみはる。

これらすばらしい装飾のために用いられた宝石は想像を絶する量である。それに、建造当初は、宝石だけでなく貴金属も大量に用いられていた。だが、それらの多くは残念ながら掠奪《りゃくだつ》にあい、現在は残されていない。

さまざまな宝石は、それぞれインド亜大陸やそのほかの各地の産地から取り寄せられていた。まず、インド各地からは、メノウ、縞《しま》メノウ、碧玉《へきぎょく》、緑柱石、玉髄《ぎょくずい》、カーネリアン、サンゴ、アメジストなどが集められた。遠方の国からは、ペルシアの縞メノウやアメジスト、ロシアのクジャク石、エジプトのカンラン石、ミャンマーの黄琥珀《こはく》、アラビアのサンゴ、チベットのトルコ石、中国やトルキスタンのヒスイ、アフガニスタンの瑠璃《るり》、スリランカのサファイアとルビーなどが取り寄せられたという。

建築に用いた石材も、白大理石は三〇〇キロ以上も離れたマクラナ、黄色大理石はナルブッダ、黒大理石はチャルコ、砂岩はドルプールとファテープール・シークリーから運ばれた。

白大理石は、タージ・マハルの主建材だと思われがちだが、そうではないようだ。アミーナ・オカダとM・C・ジョーンの著書『タージ・マハル』で指摘されていることだが、タージ・マハルも、その附属建築物や門や尖塔なども、主要建材はラコウリー・イーントと呼ばれる薄い四角のレンガと石灰モルタルである。つまり白大理石も、その他の大理石や砂岩も、化粧板として用いられたのである。

タージ・マハルの建設にあたっては、石材や宝石や貴金属を取り寄せただけでなく、技術者や芸術家たちもまた、外国から多数招かれている。

たとえば、ドームの建設のために、サマルカンドからイスマーイール・ハーンをはじめとする技術者たちが招かれた。シーラーズからはアマナット・ハーンをはじめとする書家たち、カナウズとバグダッドからはモザイク職人が招かれた。イタリアの宝石工ジェロニモ・ヴェロネオやフランスの金細工師オースタン・ドゥ・ボルドーなど、ヨーロッパの職人も協力しており、ヨーロッパのバロック様式やフィレンツェの象嵌技術の影響も指摘されている。

このように多くの材料と技術を各地から導入して、タージ・マハルのみごとな建物と装飾がつくられたのである。

〈イタリア〉サン・ヴィターレ教会

金色にきらめく芸術的なモザイク画の秘密

イタリア北部にあるラヴェンナは、古代から現代にいたるまで、モザイク美術が受け継がれてきた町である。

モザイクは、色違いの大理石や貝殻やガラスなどを砕き、テッセラと呼ばれる小片にして壁などの生乾きの漆喰《しっくい》に埋め込み、絵や図案を表現したもので、ローマ時代に急速に発展し、ビザンツ時代になるとさかんに用いられた。光を反射して輝く神秘的で豪華な美しさや、どのような曲面も自在に装飾できるといった長所が、とくにキリスト教の聖堂を飾るのにふさわしいと思われたのだろう。

とくに高度なモザイク美術がつくられたのが五〜六世紀のラヴェンナだった。ラヴェンナには、この時代のモザイク壁画が数多く残されている。その代表ともいえるのが、サン・ヴィターレ教会の数々のモザイク壁画である。

サン・ヴィターレ教会は、六世紀前半、東ゴートのテオドリック王が工事を着工し、ビザンツ帝国の時代になって完成した。古典様式からビザンツ様式に移る時代の建築で、建物自体も価値が高いのだが、それ以上にすばらしいのが内部なのだ。

建物本体はレンガ造りだが、内部の壁面は縞模様の色大理石で化粧張りされたり、モザイクで美しく装飾されている。モザイクは壁だけでなく天井にもある。サン・ヴィターレ教会のモザイクは六世紀後半のもので、典型的なビザンツ・スタイルのモザイクは、精緻《せいち》をきわめている。

もっとも有名で必ず見たいのが、内陣のユスティアヌス帝を中心とするモザイク画とテオドラ皇后を中心とするモザイク画である。

ユスティアヌス帝のモザイク画は、内陣の左側壁にある。皇帝の隣にはラヴェンナの大

きらびやかな装身具の描写など、精緻をきわめたテオドラ皇妃のモザイク画。

司教でこの教会の造営中心者でもあったマクシミアヌスが名前入りで立ち、ふたりの周囲や背後に廷臣や兵士や僧侶たちが従っている。マクシミアヌスが名前まで入れて皇帝の横に立っているのは、自分の権威づけのためにそのように描かせたと思われる。

もうひとつのテオドラ皇后のモザイク画は、内陣の右側壁にあり、皇后を中心に廷臣や侍女たちが侍《はべ》っている。皇后の装身具がことにきらびやかでみごとだ。

これほど精緻で芸術的な絵画を、漆喰に色違いの石やガラスをひとつひとつ埋め込んで描きあげたとはとても信じられない。おそろしく根気と細かい作業を要する仕事だったと想像できる。

この時代のモザイク画でとくに注目したいのが、金の使い方だ。ローマ時代、透明ガラスに金箔《きんぱく》をはさんだものを用いて、金色にきらめくモザイクをつくる技法が考案され、後世に受け継がれた。この金色のモザイクはイタリア各地の教会で目にすることができるが、ビザンツ時代のものはとくに埋め込み方に特色があった。

ビザンツ時代のモザイク職人たちは、金色のテッセラを漆喰に埋め込んでいくとき、わざと乱雑に埋め込み、金箔の角度にばらつきが出るようにした。そうすることで、見る角度によってきらめきがあちらこちらと変化し、いっそう荘厳《そうごん》な雰囲気を出すことができたからである。

だが、後世の職人たちはテッセラを平らに埋め込むようになってしまった。そのため、全体が同じように光ったり、まったく光らなかったりして、見る角度できらめきが変化する美しさは失われてしまったのだ。

〈スペイン〉グロリアの門 巡礼者を圧倒するリアルな彫刻の数々

中世ヨーロッパでは、多数のキリスト教徒たちがピレネーを越えて、スペイン北西部のガリシア地方にある聖地サンチアゴ・デ・コンポステーラをめざした。

サンチアゴ・デ・コンポステーラはカトリックの名だたる巡礼地で、その歴史は、九世紀にこの地で一二使徒のひとり聖ヤコブの墓が発見され、奇跡とたたえられたことにはじまる。「サンチアゴ」とは、スペイン語で聖ヤコブのことだ。

　聖ヤコブの墓に祠《ほこら》がつくられると、そのまわりに町ができた。その後、一時はイスラム教徒に占領されたことがあったが、一〇世紀末にスペイン人が奪還《だっかん》に成功すると、多くの巡礼者たちが訪れるようになった。一〇七〇年から聖ヤコブの墓に大聖堂の建築がはじまると、巡礼者の数はいっそうふえた。とくにフランスからの巡礼がさかんで、パリから一五〇〇キロ以上にのぼる巡礼路を歩いて、多くの人々が聖地をめざしたという。

リアリスティックな彫刻群が訪れた巡礼者を圧倒する「グロリアの門」。

　長い道のりを歩いて到着した人々を聖地で出迎えたのは、サンチアゴ・デ・コンポステーラ大聖堂の「グロリアの門」だ。この大聖堂を訪れたときには、じっくりと見たい圧巻の場所である。

　グロリアの門は、「ポルチコ・デ・

ラ・グロリア（栄光の前廊）」とも呼ばれるポルチコ（屋根のある柱廊玄関）で、大聖堂に入ってすぐ内側にある。現在は大聖堂の内玄関だが、かつては控えの間としても用いられた。

この柱廊玄関は、一二世紀後半に大聖堂の二代目棟梁《とうりょう》マテオによって増築されたということ以外、くわしいことはわかっていないが、彫刻群がじつにすばらしい。身廊《しんろう》と同じ幅に三つのアーチの入り口があるが、それを支える円柱の全面や半円アーチの破風《はふ》などが、びっしりと花崗岩《かこうがん》の彫刻で埋めつくされているのである。ガリシア地方は良質な花崗岩の産地で、それを利用してつくられた彫刻群だ。

たとえば、円柱の下を見ると柱を支えるかのように、うずくまった動物たちが彫られている。上を見上げれば、中央の破風には巨大なキリスト像がある。

また、中央のアーチは両側のアーチより幅が広いため、円柱で二分されているのだが、ここには「最後の審判」のときの聖ヤコブ像がある。幅広の中央アーチを二分するという手法は、ここからはじまり、イベリア半島西部各地に影響を与えた。

サンチアゴ・デ・コンポステーラ大聖堂は、フランスからはじめてもたらされたロマネスク様式（43頁参照）で建てられ、このグロリアの門の彫刻群もロマネスク彫刻の傑作といえる。

だが、同時に、この門は次の時代の様式であるゴシック彫刻の先駆だともいわれている。

とくに、ヤコブをはじめ、ペテロ、パウロ、ヨハネなど使徒の彫像は、表情などがリアリスティックで、ゴシック的な感覚が強く出ている。

フランスから大聖堂建設のためにやってきた建築家たちは、ロマネスク様式をスペインに伝え、仕事をしてふたたびフランスに戻るときには、ゴシック的なリアリズムの精神をつちかい、それを故国に伝えたのである。

はるばる旅して聖地にたどり着いた巡礼者たちにとって、このグロリアの門で自分を迎えてくれるキリストや聖者たちの圧倒的な彫像群は、さぞかし感動的だったことだろう。

当時の教会の彫刻や絵画は、装飾というより宗教的意味合いが強かった。彫刻や絵画は信者たちに宗教的意義を指し示す役割をになっており、グロリアの門の彫刻群も、その役割をはたしていたと思われる。

このグロリアの門ではもうひとつ、表入り口の扉のあいだにある柱にも注意を向けたい。この柱には、もとは『旧約聖書』のダビデの父エサイの系図「エサイの木」をあらわした彫刻がほどこされていた。だが、無事に巡礼を達成した記念にこの柱をなでる習慣ができ、あまりにも多くの巡礼者たちがなでるうちに、表面がはがれてしまったのだ。彫りのなくなった柱は、無事に到着した巡礼者たちの喜びと、その人数の多さを現在に伝えているといえるだろう。

〈イラン〉
マスジッド・イ・シャー
蜂の巣状の天井が幻想的な美しさを演出する

イランの古都イスファハンは、サファヴィー朝のシャー・アッバース一世（一五八九〜一六二七）が首都と定め、都市計画にもとづいて、数多くの宮殿やモスクを建てた都市である。なかでも壮大で、幻惑されるような美しさを誇るのがマスジッド・イ・シャー（王のモスク）だ。

マスジッド・イ・シャーは、一六一二年に工事が着工され、一六三八年に完成した。メイダーネ・シャー（王の広場）の南に位置し、表門は広場に面して北向きとなっている。

この表門は、高さ約二七メートルという巨大な尖頭アーチのイーワンで、左右に高さ約四〇メートルのミナレット（塔）をもつ。これ自体がひとつの建物といえるようなつくりで、とくに天井は、マスジッド・イ・シャーを訪れるときには必見の芸術品だ。

表門の天井は、スタラクタイト（鐘乳石《しょうにゅうせき》状装飾）と呼ばれるもので、まるで鍾乳洞か蜂《はち》の巣のように無数の曲面で構成されている。

スタラクタイトは、ヴォールト天井の特殊なもので、一一世紀末ごろから登場し、チムール朝とサファヴィー朝でさかんに採用された。スキンチ（四角形の天井の隅にかけて円に近づけるためのアーチ）を何列にも積み重ね、無数の曲面からなる複雑な形の天井をつくりだしている。少しずつ形の異なる無数の曲面が光を反射して、幻想的な美しさを生み出した魅力的な技法だ。

マスジッド・イ・シャーの表門のスタラクタイトはとりわけすばらしく、積み重なる曲面のひとつひとつに、彩陶タイルでモザイクの技法を使って花模様が描きだされている。この花模様を観察してみるといい。模様がひとつひとつ違うものの、左右対称の位置に同じ模様があることに気づくはずだ。

天井だけでなく、表門は全体がタイルのモザイクで覆われている。表門は北向きのためにほとんど陽は当たらないが、青を基調にしたモザイクによってきらめいて見える。

表門から内部に入ると、主礼拝室をはじめ、レンガ造りのモスク全体が、青と金色を基調とするタイルの文様で美しく彩られている。文様は伝統的な唐草風のアラベスク文様で、とくに主礼拝室のドームがみごとだ。

主礼拝室のドームは地上からの高さが五〇メートル近くという巨大なもので、二重になっている。外から見れば根元がふくらんだ馬蹄形《ばていけい》だが、内部から見上げれば根元のふくらみはない。このドーム天井が青と金色のアラベスク文様で覆われ、ドーム中央部ほど金色部分が多い。

このタイルをよく観察してみるとよい。表門のようなモザイクではなく、四角いタイルに模様が描かれたエナメルタイル（施文多彩釉《せもんたさいゆう》タイル）だ。モザイクは絵柄に合わせて必要な色のタイルを必要な形に切って植えつけるのに対して、エナメルタイルは最初から模様の一部が描かれたタイルを用いているのである。これはペルシア語で「ハフト・ランギ（七彩）」と呼ばれる技法だ。

ハフト・ランギは、窯業《ようぎょう》が進歩したことによって可能になったもので、モザイクに比べれば労力が少なくてすむ。アッバース一世は、マスジッド・イ・シャーを色とりどりの模様で覆い尽くしたいと考えたが、モザイクで巨大なモスクを覆い尽くすのはあまりにも時間と費用がかかりすぎる。そのため、この新しい技法が考案され、採用されたのである。

表門のモザイクに比べれば質が落ちるといわれてはいるが、この技法によって、巨大モスクをタイル文様で覆い尽くすことが可能になり、類のないほど壮大な彩色タイル張りのモスクが誕生したのである。

〈北欧〉スターヴ教会 ヴァイキング伝統の木彫りが調和する不思議な教会

八世紀ごろから一一世紀初頭にかけての北欧では、ヴァイキングたちが活躍していた。スカンジナビア半島に住み着いて農耕や漁業を営んでいたゲルマン民族の一派のノルマン人が、冒険心に富んだ気質と風土の厳しさから、舳先《へさき》に竜をかたどったヴァイキング船で海外へ乗り出していったのだ。

ヴァイキングたちは、海岸沿いの地方で掠奪《りゃくだつ》や交易をおこなった。初期には出航した年のうちに戻ってくる小規模な遠征だったが、しだいに大きな集団を組み、植民地をつくってはさらに遠くまで進出し、アイスランドやグリーンランド、ロシアなどにまで植民地を築くようになった。

ノルウェーがキリスト教国となったのは、このヴァイキング時代も終わりに近づいていたオーラフ二世（在位一〇一五〜一〇三〇年）の治世だといわれている。

やがて、一〇六〇年ごろ、ソグネ・フィヨルドのウルネスに最初の教会が建てられた。

以来、一四世紀ごろまで、ノルウェーでは数多くの木造教会が建設された。また、ノルウェーだけでなく、スウェーデンやデンマークやトランシルバニアにも教会が建てられた。

これら北欧の木造教会は、「スターヴ教会」と呼ばれ、独特の建築様式をもつ。「スターヴ」とは「樽板《たるいた》」とか「側板」の意味で、樽のように板を地面に垂直に埋めて壁をつくっているところから名づけられた。

現存する最古のスターヴ教会は、最初の教会と同じくウルネスに建っている。現存する大部分は一一〇〇～一一六〇年ごろに建てられたものだが、戸口や彫刻をほどこした北側の壁板などは、最初の教会から移築したものだと考えられている。

ウルネスの教会では、この北側壁面の彫刻が注目に値する。植物のツルと獣とヘビがからみあった文様が彫刻されているが、植物のツルは北欧神話に登場する世界樹、ユグドラシルだといわれている。ヴァイキングの洗練された木彫り技術によって、彼ら古来の北欧神話がモチーフになっているのである。この植物と動物やヘビがからみあう文様は、ウルネス様式と呼ばれるヴァイキングの伝統的文様で、魔よけの意味をもっている。

ヴァイキングの伝統は、ウルネスの教会だけでなく、ほかのスターヴ教会でも見られる。たとえば、一一五〇年ごろ建てられ、スターヴ教会のなかでももっとも有名なボルグンドの教会は、平面はローマ由来のバシリカ形式を受け継いでいながら、ヨーロッパの他の教会とはずいぶん印象が違う。木の瓦《かわら》で葺《ふ》いた急勾配《きゅうこうばい》の切り妻屋根が何層にも重なり、低層の切り妻屋根には木彫りの十字架が立っているが、高層の屋根にはなんとヴァイキング船の舳先と同じ竜頭が飾られているのだ。このボルグンドの教会にかぎらず、スターヴ教会には屋根に竜頭をもつものがたくさんある。この竜頭も、ウルネス様式の文様と同じく魔よけの意味がある。

また、ヒューレスタド教会では、北欧神話『エッダ』のジグルドの竜退治の場面が木彫りされている。そのほか、キリストの像の隣に北欧神話の雷神トールの槌《つち》がある教会、天井に北欧神話の主神オーディンの目がほどこされている教会もある。

このように、スターヴ教会には、ヴァイキングの伝統にのっとった洗練された木彫りが数多く残されているのである。

さらに、スターヴ教会では柱にも注目したい。スターヴ教会の柱は船の帆柱《ほばしら》のようで、そこから「帆柱教会」とも呼ばれている。これもヴァイキングの船をつくる技術が、教会づくりに取り入れられたと見ていいだろう。

教会とバイキング。こう聞くだけでは異色のとりあわせだが、なぜか不自然には見えず隔合《ゆうごう》さえ感じられるからふしぎだ。

〈インドネシア〉ボロブドゥール 仏教絵巻が描かれた壮大な石の浮き彫りが並ぶ

ボロブドゥールはアンコール・ワットと同様に、まわりをジャングルに囲まれているので、遺跡に導かれる参道に立ったとたん、世俗から遮断《しゃだん》されて、まるで別の時代に足を踏み入れたような錯覚を覚える。もっとも、近年周囲に囲いがめぐらされたので、少々興ざめではある。

この遺跡は、インドネシアのジャワ島中部に残された巨大な仏教遺跡である。八～九世紀にこの地を支配していたシャイレンドラ朝によって築かれ、その後一〇〇〇年ほど地中に埋もれて忘れ去られていたのち、一七四〇年代半ばにジャングルのなかから発見された。

積み重なった回廊が、まるで階段ピラミッドのような趣をかもしだすボロブドゥール。

この遺跡の構造は、一辺一二〇メートルの正方形の基《き》壇《だん》の上に五層の方形壇がのり、その上に三層の円壇がのっている。円壇には小さなストゥーパ（仏塔）が並び、最上段の中央には高さ九メートルもある巨大なストゥーパがそびえ立つ。地上から頂上までの高さは四二メートルに達する。

ボロブドゥールは仏教寺院なのだが、ふつうの寺院と違って内部に部屋はない。自然の丘の上を安山岩のブロックで覆い、回廊を積み重ねて階段ピラミッドのような形につくった建造物だ。

なんともユニークな寺院だが、ボロブドゥールでは外観にばかり見とれていずに、各壇をめぐる回廊の浮き彫りをよく見て歩きたい。回廊の全長は約五〇〇〇メートルにおよび、内側は次の層の主壁で、外側は欄楯《らんじゅん》が張り巡らされている。この両側の壁面に、仏教の教えをモチーフとした計一六〇〇面もの浮き彫りが刻まれているの

回廊の壁面に施された膨大な量の浮き彫りの数々は、すべて仏教の教えをモチーフにしている。

である。

まず第一回廊では、主壁が二段に分けられ、上段に一二〇面の『方広大荘厳経《ラリタヴィスタラ》』が彫られている。母のマーヤー妃の胎内に宿ったときの図、誕生の図、出家のために城を出たときの図など、仏陀《ぶつだ》の前半生を描いたもので、ほかの経典の浮き彫りよりもわかりやすい。また、主壁の下段と欄楯には仏陀の前世のエピソードが彫られている。

その上の第二回廊と第三回廊の両壁面、第四回廊の欄楯には、『華厳経入法界品《ガンダブヤーハ》』が一段の浮き彫りになっている。『華厳経入法界品』は、商人の子の善財童子《スダナ》が多数の菩薩《ばさつ》に拝謁《はいえつ》して偉大な知恵を探し求める物語で、仏教教典のなかでもっとも重要なもののひとつとされている経典だ。ボロブドゥールの建設責任者はこの経典をとくに重要なものと考えたらしく、もっとも多くの場所を割いて四八八面もの浮き彫りを施している。

また、第四回廊の主壁面は『普賢行願讃《バドゥラジャソイ》』で、これは『華厳経入法界品』の結論にあたるとされる経典だ。

これらの回廊に対し、もっとも下にある基壇には浮き彫りが見当たらないが、じつは隠された基壇に浮き彫りがある。善悪の因果《いんが》の教義を諭《さと》した『分別善悪応報経《カルマヴィバンガ》』を一六〇面の浮き彫りにしたもので、そのうちの約四〇面には、上に古代ジャワ語の短い説明がサンスクリット文字で刻まれている。みごとな浮き彫りをわざわざ別の基壇で隠した理由は、ボロブドゥールの謎のひとつだ。

ボロブドゥールに参拝した人々は、この浮き彫りに描かれた仏教説話を順に見ながら、上にのぼっていく。回廊をめぐり歩きながら、因果応報や善行を積むといった仏教の教えがよくわかるようになっているのである。

浮き彫りに描かれた内容から、ボロブドゥールは大乗仏教の宇宙観をあらわしているともいわれている。

大乗仏教では、宇宙は「欲界」「色界」「無色界」の三界からできていると考える。因果応報が描かれた隠れた基壇から一段目の床までは人間の欲望が渦巻く「欲界」、仏陀や善財童子が描かれた方形壇の部分は「色界」、方形壇の上部から上は悟《さと》りの世界である「無色界」をあらわしているのだという。

だとすれば、参拝者たちは、浮き彫りを見て仏陀や菩薩の生を追体験しながら、上がっていくにつれて悟りの世界に近づいていったということになる。同じように浮き彫りを見ながら上っていくと、悟りの境地を求めた古代ジャワの人々の気持ちがわかるような気がしてくるだろう。

ボロブドゥールが建てられた目的にはさまざまな説があるが、そのひとつに、この浮き彫りを通して、仏の教えを人々に授けるための霊場という説があるのもうなずける。

〈メキシコ〉ウシュマル遺跡 雨神から翼のある蛇まで彫りこんだマヤ文明の巨大建造物

メキシコのユカタン半島といえば、まずマヤ文明が思い浮かぶ。ウシュマルは、七世紀ごろから一〇世紀ごろにかけて栄えたこのマヤ文明の都市遺跡である。マヤ人が「プーク」と呼んだ丘陵《きゅうりょう》地帯の密林のなかにあり、約一平方キロの範囲に、「矩形《くけい》の尼僧院《にそういん》」「魔法使いのピラミッド」「大ピラミッド」「総督の館」など、いくつもの巨大な石造建築物が建っている。建築物のそれぞれの名称は、スペイン人がイメージでつけたもので、建物の実際の用途とは関係がない。

ウシュマル遺跡のなかでもぜひ見ておきたいのが、「魔法使いのピラミッド」だ。ウシュマルの主要神殿で、楕円形《だえんけい》の基底部の上に高さと様式の違う五つの神殿が重なっている。このピラミッドの側壁は、マヤ遺跡にはめずらしい優美なふくらみがある。傾斜が急で、高さは約三〇メートルもある。

頂上の神殿に上る階段はけわしいが、臆《おく》せずに上ってみたい。神殿では、入り口をはじめ、あちこちに雨神チャックの浮き彫りが見られる。ウシュマル遺跡は、みごとなチャックの像が多いことで有名な遺跡なのだ。

険しい階段を上ると頂上の神殿にいきつく「魔法使いのピラミット」。

雨神チャックは、マヤの神々のなかでもとくに重要とされる神で、有名なチチェン・イッツァなど各地のマヤ遺跡で見られる。とくにウシュマル遺跡では、建物の壁面などいたるところに雨神チャックの像が彫られている。ユカタン半島北部には川がなく、生活や農耕に必要な水は主に雨水に頼っていたので、雨の恵みを願って雨神がとくに信仰されたのである。

チャックをはじめとするウシュマル遺跡の浮き

彫りは、「プーク様式」という様式でつくられている。プーク様式は、ウシュマル遺跡をはじめプーク地方一帯に分布する独特の様式で、四角い切り石をモザイク状にはめこんで浮き彫りの装飾をつくりだす。装飾のモチーフは、雨神チャックをはじめ、ジャガー、ヘビ、雷文《らいもん》、幾何学模様などだ。

ウシュマル遺跡をはじめ、プーク様式でつくられた都市遺跡では、一般的に建造物の低層部には装飾がないが、高層部には過剰なまでのモザイクの浮き彫りがほどこされている。とくにウシュマル遺跡の装飾は、マヤの遺跡のなかでも緻密《ちみつ》でみごとだといわれており、壁面を覆いつくす華麗なモザイクの浮き彫りに圧倒される。

魔法使いのピラミッド以外では、近くにある「矩形の尼僧院」にもすばらしい浮き彫りがある。儀式や祭祀《さいし》に用いられたといわれている矩形の広場の周囲を、四つの長方形の建物が取り囲んでいるのだが、この建物の外壁、とくに広場に面した壁に、雨神チャックや幾何学模様、マヤ人が信仰していた翼のあるヘビ「ククルカン（ケツァルコアトル）」などを配したみごとなプーク様式の浮き彫りが見られる。

また、「総督の館」と呼ばれる巨大な建物でも、正面の外壁などに、雨神チャックや人物像、雷文、格子《こうし》文様などの浮き彫りが堪能できる。

石造物に命名したスペイン人にならって、自分なりにイメージをふくらませ、名前をつけてみるのもおもしろいだろう。

〈ベルギー〉オルタ邸
植物をデザインした曲線が美しいアール・ヌーヴォーの空間

ベルギーのブリュッセルに、世紀末芸術といわれるアール・ヌーヴォーを代表するような建築物がある。アール・ヌーヴォーの中心的な建築家ビクトル・オルタ（一八六一～一九四七年）が自分のために建てた「オルタ邸」だ。

アール・ヌーヴォーは、一九世紀末から二〇世紀はじめにかけて、フランスを中心にヨーロッパ各地で花開いた芸術スタイルで、曲線を多用し、花や葉やツル草などの植物を主要なモチーフとし、葉やツル草などによって花々が連続しているようなデザインで表現する手法である。やがて過剰な装飾を避けた機能主義的なデザインが好まれるようになると、アール・ヌーヴォーはいったんは衰退《すいたい》したが、近年また人気が出ている。読者のなかにも、アール・ヌーヴォーの優雅なデザインが好きだという人も多いことだろう。

このアール・ヌーヴォーは、建築、ガラス工芸、彫刻、絵画など、芸術のあらゆる分野で起こった。建築では、直前まで流行していたギリシアの神殿のような新古典主義にかわって登場した。丸みを帯びた窓枠や装飾など、曲線を多用し、素材や色彩を重視した新しいデザインの建築物が、ヨーロッパの各都市に建てられた。とくに金属は、曲線をつくりだしやすいことから、アール・ヌーヴォーのツル草のような曲線を表現するのによく用いられた。

ビクトル・オルタは、このアール・ヌーヴォーの時代のベルギーを代表する建築家で、彼が一八九二年に設計したベルギーのタッセル邸は、最初のアール・ヌーヴォー建築だといわれている。

オルタ邸は、彼が四〇歳のときに建てた邸宅で、三階建ての事務所と四階建ての私邸が並んでいる。事務所は比較的簡素だが、私邸は外部から内部空間まで、洗練されたアール・ヌーヴォーの曲線であふれんばかりだ。

まず、入り口のドアには、鉄細工で流れるような曲線の模様が装飾されている。その横の窓にも、鉄細工のアール・ヌーヴォーの装飾が見られる。玄関のひさしは二階のサロンのバルコニーを兼ねたもので、ガラス張りに鉄で縁取られ、手すりの模様もアール・ヌーヴォーの曲線模様だ。ひさしがガラス張りのため玄関前は明るい。

入り口の扉を開くと、白大理石の玄関ホールに、一階から最上階までつらぬくラセン階段が目に入る。この階段の手すりを見よう。木の手すりや金色の装飾は、木のツルのように自在に折れ曲がった華麗な曲線でアール・ヌーヴォーの連続模様が表現されている。

一階のホールでは壁や天井にも注目したい。天井はわずかなカーブを描き、壁と天井の境が直角ではなく丸くなって、かまぼこのような形をしている。天井からは、曲線と花のモチーフからなるアール・ヌーヴォーのシャンデリアが吊り下がっている。

オルタ邸の私邸の間取りは、一階がダイニングなどで、二階から上が居住部分となっており、ラセン階段を上っていくと、流れるように各部屋がつづく。踊り場の照明、部屋のドアやハンドル、家具など、すべてアール・ヌーヴォーで装飾されており、それが次々にあらわれる。

ラセン階段の最上部の天井は、明るい色彩のステンドグラスがはめられた天窓で、ここからステンドグラスに彩られた明るい光が階段にさしこむ。ラセン階段は、上にいくほど真ん中の空間が大きくなるようにつくられているので、天窓からの光は下までよくとどく。

この天窓になった天井部も曲面になっており、照明の曲線や手摺《てす》りの曲線とからみあって、複雑な造形美を見せる。ここの壁には、アール・ヌーヴォーの花柄が金色で型刷りされており、周囲を取り巻いてからみあう曲線の数々とともに、優雅で甘美な空間をつくりだしている。オルタ邸を訪れたときには、忘れずに見ておきたい場所だ。

オルタ邸は、このようにすべてが、ツル草のようなアール・ヌーヴォーの曲線や花模様でつくられている。これらの装飾は、ステンドグラス、木製や鉄製の装飾、家具など、すべてオルタ自身がデザインしたものだ。まさにオルタによるアール・ヌーヴォーの極致といってもいい。

6

その風土と文化が素材を選ばせた——
あまりにも意外な建築材料の数々

〈チチカカ湖〉

ウル族の家

住居も土台の浮島もなんと葦でつくった

建築材料というと、日本人ならまず木材を思い浮かべてしまう。使われる草本類といえば、せいぜい屋根ぐらいのものだろう。

だが、南米のペルーとボリビアの国境にあるチチカカ湖には、葦《あし》でつくった家が見られる。これはウル族の家である。

チチカカ湖に生息する葦は「トトゥーラ」と呼ばれ、丈は三メートル近くにまでなる。ウル族は、このトトゥーラでまず浮島《うきしま》をつくり、その上にトトゥーラで家をつくる。家の屋根も壁も葦なら、その家が建つ島までが葦でつくられる。

彼らは、じゅうぶんに育ったトトゥーラを刈り取って乾燥させ、二メートルぐらいの厚みになるまで交互に積み上げて浮島をつくる。

「葦でつくった島が沈んだりはしないのか？」と疑問に思うところだが、トトゥーラは水に浮きやすい性質をもった植物なので、その上に家をつくって人が生活するぐらいでは、沈む心配はない。それでも、水につかっている部分のトトゥーラはしだいに腐っていくので、三か月ごとに新しいものに取り替えていく。

この浮島には、ふつうの島にはない大きな利点がある。まず、水に浮かんでいるので、大雨で湖水が増水しても洪水の被害にあうことがない。チチカカ湖は水量の増減が激しい湖であり、雨量がふえたときでも浮島なら安全である。

もうひとつ、浮島は舟で引いて移動させることができる。一六世紀にスペイン人がこの地を訪れてウル族と浮島を発見したとき、スペイン人から逃れるように、彼らは浮島ごと一夜にして姿を消したという。いまでこそ風や波で島が移動しないように丸太の杭《くい》を湖底に打ち込んでつないでいるが、必要があれば移動することは可能なのだ。

この浮島の上に家を建てるとき、細い木で切り妻形の骨組みをまずつくり、トトゥーラでつくったムシロを二重にして、棟木《むなぎ》から両側にかけ屋根にする。壁もトトゥーラのムシロを張りめぐらせる。

入り口は妻側のムシロを押し広げて入るようになっている。窓はなく、床にもトトゥーラを厚めに敷く。

ウル族にとって、トトゥーラは島や家をつくるほかにも、さまざまな利用法がある。

まず、浮島で暮らすうえで交通機関としてなくてはならない舟は、トトゥーラでつくられる。トトゥーラの束を縄で編み上げるようにして締《し》めつけ、舟底を木槌《きづち》でたたきながら、曲線をつけていくのだ。

また、トトゥーラは、乾燥させれば燃料になる。薪《まき》のとれない湖上生活では重要な燃料だ。それに、家畜の飼料にもなれば、人々の食糧にもなる。根元の皮をむくと白い髄があらわれるが、これは大切なビタミン源となるのだ。

ウル族の人々は、葦の島に葦の家を建て、葦の舟に乗り、葦を燃料とし、葦を食べる。まさに葦によって生活しているといっていい。

それにしても、彼らはどういう理由から湖で暮らすようになったのだろう。

言い伝えでは、ウル族は古くからこの地域に住んでいた民族だったが、他民族に追われて湖上に逃れ、やがて湖上生活を営むようになったと伝えられている。外敵があらわれたときに家ごと逃げることができる浮島は、他の民族に追い詰められたウル族にとって必然の産物だったのではないだろうか。

〈アメリカ〉
ティーピー
西部劇を彷彿とさせるバッファロー皮のテント

西部劇には、テントに住む先住民たちがよく登場するが、このテントは「ティーピー」と呼ばれる。

アメリカの先住民には、定住して農耕生活を営む人々と、このティーピーで移動しながら狩猟生活を続ける人々がいた。もとは農耕生活を送っていたのが、白人に追われて西部に移動し、ティーピーに住んで、バッファローを狩って暮らすようになった人々もいた。

現在でもティーピーは、オクラホマ州のインディアン・シティに残されている。

このティーピーの建築材料は、木材とバッファローの皮である。バッファローの皮というと、ひどくめずらしいものと思うかもしれないが、むかしのアメリカにはバッファローがたくさん生息していた。バッファローを狩って暮らしていた人々にとって、バッファローの皮は、手に入りやすい材料だったのだ。

ティーピーをつくるときは、三本または四本の木の棒を、三脚または四角錐《しかくすい》の形に組み合わせ、バッファローの革ヒモで頂部をしっかりとしばる。これに何本かの木の棒を寄せかけて、円錐形の骨組みをつくる。この骨組みの上に、バッファローの皮をはぎ合わせた

外被を張ってできあがりとなる。

この方法でつくると、ティーピーの頂部に隙間《すきま》ができる。この隙間は煙突の役割をはたすという。われわれがキャンプのときに用いるテントとは違って、ティーピーの内部には炉が設《もう》けられ、煙は頂部の隙間やティーピーの入り口が排出口となったようだ。

ティーピーを組み立てる仕事は、伝統的に女性の仕事とされているが部族などによってさまざまなバリエーションがある。

たとえば、エンリコ・グィドーニ著『図説　世界建築史』第一巻によると、ブラックフット族のティーピーの場合、外被は広げると半円形で、直線部分の中央に二枚のフラップ（垂れ蓋《ふた》）がついて、これが頂部の開口部を風から守る役割をはたしていたという。

さらにブラックフット族のティーピーは、内側にも風から守る工夫がされていた。高さ約一・五メートルまで皮で内張りされており、テントの下部を守っていたのである。この内張り部分や外側には、幾何学的なモチーフが描かれることもあったらしい。

このティーピーをつくるのに、バッファローの皮が一二枚以上必要で、皮を縫《ぬ》い合わせるのは女たちの仕事だった。

縫った外被は女性たちの所有物とされていたというから、ブラックフット族は、家に関しては、女性の権利が強かったようである。

彼らのティーピーの内部は、煙突の役割をするテント頂部の真下に炉が設けられ、その奥に儀式用の炉があった。寝床は、ティーピーの左半分が夫婦、右半分が子供たちとなっていたという。

また、茶谷正洋氏の『世界の建築まるごと事典』によると、ティーピーの柱の内側に、縫い合わせたバッファローの皮を巻いて、皮と皮のあいだから雨が外に出るように工夫したものもあるという。頂部から入ってくる雨をうまく外に出す知恵といえる。

さらに、外被を二重にして、夜でもなかの明かりや人影が外に映らないようにしたものもあるともいう。

同じくティーピーでも、高原地帯にいけば材料も変わる。佐藤浩司氏の『住まいをつむぐ』に紹介されているが、ネズ・パースと呼ばれる人々がつくるティーピーは、バッファローの皮を用いていなかった。

ネズ・パースは、ふだんは長方形のテントのような家に住み、狩猟や漁労や採集のために一時的に住む家として、ティーピーをつくった。このティーピーも長方形の家も、外被にはイグサを乾燥させてつくったムシロを用いていた。

高原地帯は冬の寒さが厳しい。そこでネズ・パースは、平原に住む部族とは違って、床部分は深さ九〇センチまでの竪穴《たてあな》を掘っていた。冬は地中のほうが暖かいので、竪穴を掘ると、室内は温度変化が小さくてすむからだ。それでも寒いときは、外被にムシロや樹皮を何重にも重ねたという。

このように、部族や場所によって、ティーピーにもいろいろな違いがあるのである。

〈スペイン〉セゴビアの水道橋

接着剤料を使わずとも崩れることなく建つ巨大橋

スペイン中央部に位置するセゴビアの町を訪れれば、ぜひアソゲホ広場に足を運んでみたい。アーチが二層になった水道橋がひときわ目立つはずだ。

この水道橋は、二世紀はじめ、ローマ帝国のトラヤヌス帝（在位九八～一一七年）の命に

二層のアーチが目をひくゼコビアの水道橋。約20000個の花崗岩のブロックでつくられている。

よって建造がはじまったといわれている。トラヤヌス帝は五賢帝のひとりで、故郷スペインのローマ化に力を入れた。そのため、トラヤヌス帝とその次のハドリアヌス帝（在位一一七〜一三八年）の時代、イベリア半島にはローマの建造物が次々に建てられたのだ。セゴビアの水道橋はその代表的なもののひとつである。

セゴビアは標高一〇〇〇メートルもの台地にあり、つねに気候は乾燥している。そのため、トラヤヌス帝は水を引く必要性を感じたに違いない。平地ならともかく、起伏のある台地に高架式の水道を引くというのはたいへんな難事業である。

セゴビアは、グアダラマ山脈の支脈のフェンブリア山から流れ出る川を水源にしている。導水路全体の長さは一七〜一八キロで、これは、ローマ帝国が築いた導水路のなかではとくに長いものではない。だが、水道橋の部分に関してはローマ時代の水道橋のなかでも屈指の建造物で、全長約七二八メートルにおよぶ。現在の保存状態も、ローマ帝国がヨーロッパ各地に築いた水道橋のなかでもっとも良好だ。

この水道橋は、約二万個の花崗岩《かこうがん》のブロックでつくられている。グアダラマ山脈とセゴビアのあいだにある高原一帯は、花崗岩の岩脈が走っており、その豊富に産出する花崗岩を用いて築いたものである。

セゴビアの水道橋を訪れたときは、この石と石の隙間をよく見てほしい。驚いたことに、ここにはモルタルも漆喰《しっくい》もアスファルトもセメントも、接着材料は何ひとつ使われていないのだ。ただ石を積み上げてつくられているのである。これが、セゴビアの水道橋の見所である。

たしかにモルタルや漆喰の類を使っていない石造建築物は、世界にいくつもある。しかしセゴビアの水道橋の特徴は、優美なアーチを描いた長大な橋で、しかも場所によってはおそろしく高い。

セゴビアの地は起伏《きふく》が大きく、導水路はそこを水平に走らせる必要があるので、低い場所にいくほど水道橋は高くなる。

だから、上り勾配《こうばい》では地面からあまり高くない石壁が、下り勾配になるとアーチ状になり、さらに下ると二層のアーチになる。二層アーチの部分は水道橋全体の三分の一におよび、高さは、もっとも高いところで約二八メートルに達する。これは、八階建てのビルと同じぐらいの高さだ。

高い場所へは、花崗岩のブロックを運ぶだけでもたいへんそうだが、これには滑車を用いたようだ。花崗岩のブロックには小さな穴が開けられており、この穴に金具をかけ、滑車で吊り上げて積んでいったと考えられている。

これほどの高さを、ほっそりしたアーチが支えているというだけでも信じ難いことなのに、モルタルなどの接着材料をまったく用いていないというのである。

石目にぴったりあうように花崗岩を加工し、それを積み上げる高度な技術をもっていたことがわかる。

石を積んだだけでも、セゴビアの水道橋はたいへん頑丈である。なにしろ、二〇〇〇年近くたった現在まで崩れることなく、水道としての機能も、近代まで使われつづけてきたという。

一一世紀にイスラム教徒に一部を破壊されてから一五世紀に修復されるまでは使えなかったが、その期間を除けば、セゴビアに水を供給しつづけたのだ。

二〇〇〇年近くも前に、これほどの頑丈さと優美な外観をもつ建築物を、接着材料を用いずに建造できたのは、驚異的というしかない。

〈エジプト〉
クフ王のピラミッド
230万個もの石材をどうやって積み上げたのか?

エジプトのピラミッドと聞いて、だれしもまっ先に思い浮かべるのが、ギザの三大ピラミッドのなかで最大の「クフ王のピラミッド」だろう。

クフ王は、古王国第四王朝の二代目の王で、ピラミッドの建設は、紀元前二五二〇年ごろといわれている。このクフ王のピラミッドは、エジプトに多数つくられたピラミッドのなかでも最大で、そのため、「大ピラミッド」とも呼ばれる。世界七不思議のひとつに数えられる世界屈指の巨石建造物だ。

ピラミッドの大きさは、つくられたときには、基底部が一辺約二三〇メートル、高さが約一四七メートルもあった。現在の基底部は、外装の石材がはがされたために一辺約二二〇メートルと、ほんの少しだけ小さくなっている。また、頂上部が失われたために、高さも約一三七メートルと少し低くなり、頂上部は一辺約一〇メートルの平面になっている。とはいえ、堂々とそびえるその巨大さに変わりはない。

たんに巨大なだけでなく、ピラミッドは、誤差がごくわずかしかない正四角錐をしており、しかも四面が正確に東西南北をさしている。これほど巨大で精密な幾何学的建築物を

クフ王のピラミッド内部の図

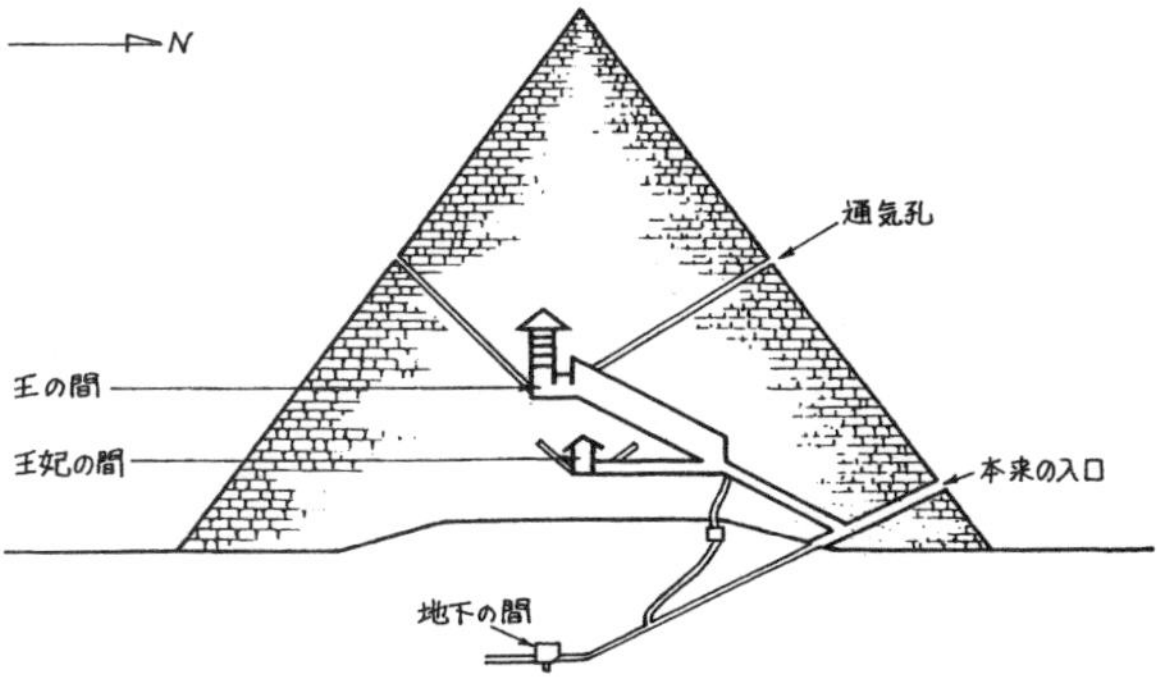

つくるには、ひじょうに高度な数学と天文学の知識が必要だったに違いない。

さらに、ピラミッドは、驚くほど大量の巨石を用いている。巨大なだけでなく、いくつかの部屋や通路をのぞいて、内部にぎっしりと石材が詰まっている。

もしピラミッドと同じ大きさの建造物をつくったとしても、自然の丘を利用したり、内部に土砂を詰めたりするほうが簡単だったはずだ。

ピラミッドが古代から世界の七不思議とされてきたのも、高度な知識を要する建築物であること以外に、膨大《ぼうだい》な量の石材を利用していることもあるだろう。

では、ピラミッドには、いったいどれぐらいの量の石材が用いられたのだろう。

内部まで詰まっている石材を数えるわけにはいかないが、イギリスの考古学者ペトリーは大ざっぱな見積もりを立てている。それによると、平均二トン半の石材が、なんと二三〇万個も用いられたという。総計約五七五万トンという計算だ。

これほど大量の石材を四角錐の形に積み上げるのは、現代の技術をもってしてもむずかしい。しかもピラミッドは、なかに部屋や通路といった空洞部が設けられている。

では、その空洞部分はどうなっているのだろうか。

これは、ピラミッドのなかに入って実際に目で確かめてみたい。現在の入り口は後世につくられたもので、本来の入り口は、北面中央の高さ約一七メートルのところにある。ここから下り坂の通路を行くと、通路は上りと下りのふたつに分かれる。上りの通路はとちゅうで水平の通路と上りの大回廊に分かれる。大回廊は「王の間」と呼ばれる玄室《げんしつ》に通じ、水平の通路は「王妃の間」と呼ばれる玄室につづく。とちゅうで分かれた下り坂のほうは、ピラミッドの真下に位置する地下室につながっている。「王の間」の上には、「重量拡散の間」と呼ばれる部屋があり、王の間の天井にかかる石材の重量を少なくする目的でつくられたと考えられている。

これらの部屋や通路は、あとから石を切りくずしてつくり上げたのではなく、最初から計算ずみだったようだ。巨石を積んで正確な四角錐を形づくるのに加えて、玄室や通路まで計算に入れての設計は、現代のコンピュータでもむずかしいと考えられている。

王の間では、壁などの石材も見所のひとつ。ここで用いられた石材は、外壁などの石灰《せっかい》岩《がん》と違って花崗岩である。ピラミッドは、すべて同じ石材でできているのではなく、本体の外に出ている部分は石灰岩、内部に詰められているのは石灰岩あるいは砂岩、玄室などの重要な部分には花崗岩と使い分けられている。このうち花崗岩は、石灰岩や砂岩と違って、はるか上流のアスワンあたりからはるばる運んでこなければならなかったはずだ。

また、現在、ピラミッドの外装は失われてしまったが、ここには白っぽい石灰岩が用いられていたようである。かつては、クフ王のピラミッドは白っぽい石灰岩に覆われ、壁面はいまよりなめらかであった。太陽光を反射すると白く輝いて見えたことだろう。

〈イタリア〉トゥルッリ 石灰岩のブロックを積み上げたかわいいとんがり屋根の家

イタリア半島南部にあるアルベロベッロという街には、風変わりな家がびっしり立ち並んでいる。とんがり帽子のような円錐形の屋根をもつかわいらしい外観の家々だ。

このとんがり屋根の家は「トゥルッリ」という。トゥルッリは、一軒の家にいくつもの小さなとんがり屋根があるのが特徴だ。つまり、ひとつの部屋がひとつの屋根をもつようにつくられている。

とんがり屋根が特徴的な「トゥルッリ」は、すべて石灰岩でつくられている。

とんがり屋根は、遠くから見ると瓦《かわら》のように見えるかもしれないが、よく観察してみるといい。厚さ六センチぐらいの薄い石を円錐形に積み重ねてある。くすんで瓦のような黒灰色《こっかいしょく》になってしまっているが、この屋根の石材は石灰岩だ。

屋根だけでなく、トゥルッリは壁も石灰岩でできている。壁は石灰岩のブロックを四角の平面に積み上げて、仕上げに漆喰を塗っている。壁は白く、屋根は黒っぽいので、違う材料でつくられているように見えるが、じつはすべて石灰岩なのだ。

トゥルッリがすべてに石灰岩を使っているのには理由がある。

アルベロベッロの街は、一五世紀後半、二〇キロほど離れた都市コンベルサーノの伯爵が、この地の支配権を手に入れ、土地を開墾《かいこん》させるために多数の農民たちを移住させたことにはじまる。その後、コンベルサーノの歴代の領主たちは、アルベロベッロの農民たちに圧政を敷いた。そのうえ、一帯は石灰岩の岩盤の上にあり、作物はオリーブとブドウぐらいしか育たなかったため、農民たちはたいへん貧しかった。

そんな農民たちにとって、家を建てるために手に入る建築材料といえば、土の下に無尽《むじん》蔵《ぞう》にある石灰岩しかなかったのだ。そこで、壁も屋根も石灰岩の家を建てるようになったのである。

とくに農業改革がおこなわれてからは、土地を改良していく過程で大量の石灰岩が手に入った。農地の改良では、薄い表土をいったん取りのぞき、石灰岩の層を六〇〜九〇センチほどの深さまで砕いて、建築材料に使えそうなものを取り出したのち、残りの細かい石灰岩と窪《くぼ》地から運んできた赤土を入れ、表土をもとに戻す……という方法がとられた。

トゥルッリの屋根はいまでは固定されているが、かつてはモルタルなどの接着剤をまったく用いず、石を積み上げるだけでつくられ、いつでも解体することができたようだ。

屋根の勾配は、用いる石が長いほどゆるやかになる。とはいえ、アルベルベッロの家々の屋根は、ほぼ同じような勾配で、部屋が大きいほど高くなる。同じような勾配で高低差のある屋根が並ぶさまは、軽快なリズムを感じさせる。

この石灰石でつくった屋根は、風雨にさらされているうちに黒っぽくなっていき、太陽熱をよく吸収する。そこで、農作物を干すためにもよく利用される。

それにしても、トゥルッリは、どうして屋根に漆喰やモルタルを用いず、このような独特の形をしているのだろうか。

これには諸説ある。先史時代の巨石文化に由来するという説、領主が小作人を追い出しやすいように、漆喰を用いるのを禁じたという説などだ。

説得力のありそうなところでは、税金逃れという説があるが、これにも二通りの解釈がある。まず、ひとつには、一七世紀にイタリアを支配していたスペイン王が、イタリアの領主たちに、領地内の建物の数と価値によって税金を課そうとした。そこで、領主は、王に払う税金を少なくするため、領民たちにモルタルを使わずに家を建てさせ、王の査定官が来たときだけ解体させたという。

また、もうひとつには、領主の過酷な税金に苦しむ農民たちが、徴税使が来たときに屋根を取り外し、家ではないと主張し、重税を逃れようとしたという。

トゥルッリがつくられた理由はこのようにはっきりしないが、これが、石灰岩しか建材のない地域で、貧しい農民たちの工夫によって生み出されたことはまちがいない。

〈マルタ〉バレッタ 青い海とのコントラストが美しい蜂蜜色の要塞都市

地中海に浮かぶマルタ島は、新石器時代に巨石文明が栄え、その後、さまざまな民族が

植民地を築いたが、一五三〇年、オスマン・トルコ帝国に対するキリスト教徒の砦《とりで》の役割をになって、ヨハネ騎士団（マルタ騎士団）領となった。

一五六五年、オスマン・トルコ軍がマルタ島に迫ったが、ヨハネ騎士団がこれを撃退した。これが有名な攻防戦として歴史に名をとどめるグレート・シーズである。その一年後、騎士団長のジャン・パリソー・ド・ラ・バレットが建設した要塞《ようさい》都市がバレッタだ。

このバレッタは、建物の色に特徴がある。どの建物も蜂蜜《はちみつ》色の石造建築となっている。これは建物が蜂蜜色の石灰岩のブロックでつくられているためで、外壁はすべて自然の石の色そのままで、いっさい塗装がされていないからだ。

どうしてバレッタの建築物は、蜂蜜色の石灰岩でできたものばかりなのだろうか。

マルタ島に一歩足を踏み入れれば、島全体が蜂蜜色の石灰岩でできていることがわかるはずだ。太古のサンゴ礁が長い歳月のあいだに石灰岩になったのだ。マルタ島では、この石灰岩以外に建築材料はない。そこで、建物はむかしもいまも、この石灰岩を材料にしている。

バレッタでは、騎士団長の宮殿や大聖堂、修道会の宿泊所など、ヨハネ騎士団時代の建築物が三二〇ほど残されているが、これらももちろんすべて蜂蜜色の石灰岩でできている。いずれも、ヨハネ騎士団の時代を現在に伝える貴重な歴史的建造物だ。代表的なところでは、騎士団長の宮殿は、現在は大統領府と国会議事堂になっており、内部の部屋の豪華な内装から、騎士団長の勢力のほどがうかがえる。イスラム勢力からキリスト教世界を守る重要な役割をになっていたために、それほどの財力をもつことができたのだろう。

これらの歴史的建造物は、オスマン・トルコの侵攻に備えて、安全性重視を第一にめざして建設された。注意して建物を見ると、大半は扉が奥まったところにつけられている。道路は細くて狭く、あちこちに坂や階段がある。五五万平方メートルにおよぶバレッタの周囲は、堅固な城壁でかためられた。バレッタは、敵の襲来《しゅうらい》を前提につくられた城塞都市なのだ。

景観から見ても、バレッタ全体が、巨大なひとつの要塞のように見える。詩人のサミュエル・テイラー・コールリッジも、「島全体があたかも巨大な要塞のようだ」と書き記している。

とはいえ、もしもバレッタに、白やピンクや黄色や茶色など、さまざまな色の建物が入り乱れていれば、コールリッジもこうはいわなかったのではないだろうか。ものものしい城壁や防備を重視した建築物のつくりだけでなく、すべての建物が同じ蜂蜜色の石灰岩でつくられ、街全体が蜂蜜色をしていることも、マルタ島をひとつの巨大な要塞のように見せるのに一役買っているように思われる。

とくに海から見たバレッタは、青い海と蜂蜜色の街のコントラストが美しい。

バレッタをはじめ、マルタ島の街では、この蜂蜜色の街の美しさを守るため、いまでも壁をほかの色に塗ることを禁じている。これほど広範囲にわたって、建物の素材と色が統一されているところは世界でもめずらしい。

〈ギリシア〉サントリーニ島の家 見渡すかぎり純白の壁が立ち並ぶ秘密とは

古代ギリシア人は、エーゲ海に浮かぶ島々を総称して「キクラデス諸島」と呼んでいた。

このキクラデス諸島の建築物は、そろってまっ白な壁を呈《てい》している。エーゲ海クルーズで

壁一面に塗られた白い石灰は、雨水を除菌するなどの大事な役割をもっている。

海から眺めれば、紺碧《こんぺき》の海と青い空、また草木の緑に純白の壁が映えて、なんとも神秘的な光景を目のあたりにすることができるだろう。

このキクラデス諸島の家々の白壁は、ギリシアのパルテノン神殿の連想から、大理石でつくられていると思っている人も多いだろう。

だが、これらの壁の純白は、けっして石材の色ではない。島に上陸して近くで見るとわかるが、壁に白い石灰を塗っているのだ。

なぜ壁に石灰を塗る必要があるのだろうか。

これは美観のためではなく、きちんと目的があったのだ。ひとつには、夏の強い日差しで部屋が暑くなるのを、石灰を壁に塗って少しでも防ぐためだ。もうひとつは、石灰にある除菌作用を利用して、雨水を除菌するためだった。日本の上水道で塩素がはたしている役割を、石灰がはたしてきたのである。

キクラデス諸島のような小さな島々では、真水《まみず》に乏《とぼ》しく、農耕や生活に必要な水は雨水に頼らなければならなかった。またエーゲ海は、地中海性気候なので雨も少ない。そのため、雨が降ったときに溜《た》めておかなければならず、このような除菌の工夫が生まれたのだろう。

このキクラデス諸島のなかでも、サントリーニ島に建つ家の石灰は独特だ。サントリーニ島は、紀元前一七世紀の火山爆発で島の大半が水没したことから、アトランティス大陸のモデルといわれている島だ。それだけに、島にはやわらかい火山灰と火山岩がふんだんにある。

畑聰一氏の『エーゲ海・キクラデスの光と影　ミコノス・サントリーニの住まいと暮らし』によると、サントリーニ島では、キクラデス諸島の他の島々と異なり、石灰に火山性の灰土を混ぜて、殺菌力がより強い石灰をつくったという。

サントリーニ島では、雨期が訪れる直前の一〇月に、地下に設けた水瓶《みずがめ》をきれいに掃除し、屋上をきれいに掃《は》いて、この石灰を塗る習慣があった。石灰は、屋上や壁だけでなく、前庭や通路にまで塗る。石灰の上に降った雨は地下に導かれ、沈殿と濾過《ろか》によって浄化され、飲料水や生活用水、ブドウ酒をつくるための水として利用された。

いまでは、飲料水にはタンクローリーが運んでくる水が利用され、雨水を飲料水に用いることはないが、雨水を殺菌して溜める設備は現在も残され、生活用水に用いている家も多い。

　この石灰の殺菌力を高める火山灰は、建築材料として用いることも可能だ。

　同書によると、サントリーニ島の集落は、外輪山のやわらかい火山灰を掘って住居をつくることからはじまり、しだいに、火山岩と火山灰を建築材料として、ヴォールト天井をもつ家を建てるようになっていったという。

　サントリーニ島の火山岩や火山灰は、たしかに大きな犠牲をだした火山噴火の産物だが、島に住む人々は、それを建築材料に、家の塗装の材料にと、うまく利用してきたのである。

　サントリーニ島の白い家々を探索するには、夏を避けて観光客の少ない秋から冬の季節がよい。なにより酷暑を逃れられて歩きやすいし、ざわついた喧騒《けんそう》もなく、島本来の静けさを味わえる。

7

激動の歴史を今日に伝える——

古代建築に秘められた伝説とミステリー

〈ギリシア〉クノッソス宮殿

半人半牛の怪物が幽閉された迷宮のモデル

世界に神話は数多くあるが、建築物が重要な役割をはたす神話となるとめったにない。その例外が、ギリシア神話の半牛半人の怪物ミノタウロスと迷宮ラビリントスの物語だ。

ギリシア神話によると、クレタ王ミノスは海神ポセイドンの怒りを買い、ポセイドンの罰で王妃が牡牛と交わって、王妃は半牛半人の怪物ミノタウロスを産む。ミノタウロスは人を食う怪物だったので、困ったミノスは、クレタ島にいたギリシアの名匠ダイダロスに命じて迷宮ラビリントスをつくらせ、ミノタウロスを幽閉した。

ミノスの命令で、朝貢国《ちょうこうこく》のアテナイから少年少女が毎年（三年ごと、あるいは九年ごとという説もある）、七人ずついけにえに捧げられるようになり、アテナイの王子テセウスはミノタウロス退治を決意する。テセウスはみずからいけにえになることを志願し、クレタにおもむく。

テセウスは、クレタの王女アリアドネと恋仲になり、ミノタウロスを退治したあと、彼女の協力で迷宮を脱出してアテナイに帰還する……。

これは長らく神話上の物語と考えられてきたが、一九〇〇年にイギリスの考古学者アー

サー・エヴァンズがクレタ島で宮殿址《きゅうでんし》を発掘すると、じつは迷宮ラビリントスは実在するのではないかと期待された。

クレタ島に強大な王国と進んだ文化があったのなら、この神話のもとになったような迷宮も実在したのではないかと考えられたのだ。

発掘の結果だが、神話どおりに怪物や人を閉じこめるような迷宮の遺跡は、残念ながらどこにも見つからなかった。

そのかわり、ラビリントスのモデルとして注目を集めたのがクノッソス宮殿である。

クノッソス宮殿がほんとうにラビリントスかどうかについては、じつは研究者たちのあいだでも意見が分かれている。

なかには、ラビリントスは宮殿ではなくて洞窟だったと唱える学者もいるが、一般的にはクノッソス宮殿がラビリントスのモデルだといわれている。

では、クノッソス宮殿とは、いったいどんな建築物だったのだろうか。

クノッソス宮殿は、古代エーゲ海に栄えたミノア文明最大の遺跡で、遺構は約一五〇メートル四方におよぶ。

中心に位置するのは、南北約五〇メートル、東西約三〇メートルの長方形の中庭で、これを三〜四階建ての複合建築物が取り囲んでいる。

この建物は、多数の小部屋や廊下や階段が入り組んでいる。いまでは壁の大半が失われ、外から見ただけでは実感しにくいが、順路を歩きながら、壁に覆われていた時代を想像してみるとよい。まさに迷宮の迷路を歩いている気分になってくるだろう。

そのうえ、クノッソス宮殿は、東翼の建築物がカイラトス川の谷の傾斜地を切り取ってつくられており、中庭から見ると、地下に何層もの層がある。そのため、宮殿のつくりはいっそう複雑になってしまっている。自分が何階にいるのかもわからなくなってしまいそうだ。

クレタ文明が栄えた時代、各地から訪れた使節などは、案内されて通路を歩きながら、どこを歩いているのか混乱したのではなかろうか。クノッソス宮殿を歩いていると、この宮殿から迷宮伝説が生まれてもふしぎではないという気がしてくる。

ところで、半牛半人の怪物ミノタウロスの伝説のもとかどうかはわからないが、クレタでは牛が崇拝《すうはい》されていた。

たとえば、南の門の近くに、動物の角《つの》のような石の彫刻がある。これはエヴァンズが復元したもので、聖牛の角をかたどっている。ミノア文明は、聖牛の角をシンボルとしてきたのである。

また、クノッソス宮殿の中庭では、「牛跳び」という行事がおこなわれた。これは牡牛と向き合い、角を両手でつかんで、牡牛が角を振り上げる力を利用して跳び上がり、空中で一回転して牛の背に立つという、危険をともなう宗教行事だった。

こういった牛の崇拝も、ミノタウロスの伝説と関係があるのかもしれない。

〈インドネシア〉ロロ・ジョングラン 石になった王女が鎮座する伝説の寺院

インドネシアのジャワ島中部に、ヒンドゥー教寺院の複合遺跡「プランバナン寺院遺跡群」がある。ヒンドゥー教を信奉するマタラム王朝が建てた石造寺院群だ。

ロロ・ジョングラン寺院は、このプランバナン寺院遺跡群のなかでも中心的な寺院遺跡

で、九世紀に建設されたといわれている。「ロロ・ジョングラン」とは「細身の処女」という意味である。

「細身の処女」の呼び名は、この寺院にまつわる次のような伝説に由来する。

そのむかし、この地を支配していた王にロロ・ジョングランという美しい王女がいた。

あるとき、魔術師の息子がこの王女を見初《みそ》め、しつこく求婚した。王女は困ったが、穏便《おんびん》にあきらめさせようとして、こういった。

「もしもあすの夜明けまでに一〇〇〇体の神像をつくることができたなら、あなたと結婚しましょう」

そこで、男は神像を彫りはじめた。ロロ・ジョングランは無理な要求だと思ってこんな条件をだしたのだが、男が神像をつくるのは速かった。夜明けはまだなのに、九九九体の神像をつくりあげたのだ。このままではほんとうに一〇〇〇体の神像を彫りあげ、彼女はこの男と結婚しなければならなくなるだろう。

あせったロロ・ジョングランは、まだ夜が明けていないのに、夜が明けたと嘘をつき、一〇〇〇体目の神像をつくらせまいとした。男は王女の嘘《うそ》に気づき、腹を立てて、彼女を石像に変えてしまったという。

このロロ・ジョングランの化身だとされる石像が、寺院内にある。

ロロ・ジョングラン寺院は、正方形の内苑《ないえん》の中央に高さ四七メートルのシヴァ聖堂がそびえ、左右に高さ二三メートルのブラフマー聖堂とヴイシュヌ聖堂がある。このうち、中央のシヴァ聖堂に入り、北側の部屋にあるドゥルガー女神像に注目したい。ドゥルガー女神はシヴァ神のお妃だが、とくにこの寺院のドゥルガー女神像は、王女ロロ・ジョングランが石像にされた姿だとされているのである。

シヴァ聖堂では、回廊の壁も忘れずに鑑賞したい。ここには、古代インドの叙事詩『ラーマーヤナ』の場面が、浮き彫りになって描かれているからだ。これは、東南アジアで最古級の美術として貴重で、しかもたいへん生き生きとしている。ロロ・ジョングラン寺院の大きな魅力となっている浮き彫りだ。

この遺跡群はジョグジャカルタからボロブドゥールといっしょに訪れる場合が多いが、壁面のレリーフはボロブドゥールよりはるかに鮮明で見応《みごた》えがある。

〈イタリア〉ポンペイ
2000年前のローマがそのままの姿で残っている街

西暦七九年八月二四日、イタリア半島南部のヴェスヴィオ火山が突然の大噴火を起こした。この噴火で火山灰と火砕流に飲み込まれ、そのまま地中で眠りつづけたのが、有名なポンペイの町である。ポンペイが地中から姿をあらわしたのは、ようやく一八世紀になってからである。いまでは、「ポンペイ」の名は、すっかり災害で埋もれた町の代名詞となっている。

ポンペイは、紀元前八世紀にイタリア先住民のオスク人によって築かれた。その後、ギリシアの植民都市の時代や、内陸部から侵攻してきたサムニウム人の支配の時代を経て、紀元前一世紀からローマの商業都市として繁栄《はんえい》していた。東西約一・六キロ、南北約〇・七キロ、面積約六六万平方メートルの市街地には、推定一万五〇〇〇〜二万人ほどの人々が住み、円形闘技場やアポロン神殿などのローマの公共建築がつくられ、ローマ人などの富裕な人々の別荘が数多く建てられた。

じつは、ポンペイは、悲劇に先立つ六三年にも、ヴェスヴィオ火山が原因の地震で大きな被害を受けている。だが、市民たちは、火山が地震の源とは気づかず、復興してまた住

一瞬の悲劇により地中に埋もれていたポンペイは、18世紀になってようやくその姿をあらわした。

みつづけていた。そして、悲劇の日を迎え、繁栄のさなかに一瞬にして埋没《まいぼつ》したのである。

ポンペイの市民たちにとっては災難だったが、おかげで、われわれは、ローマ時代の人々の生活を目《ま》のあたりにすることができる。ポンペイでは、ほかのローマ都市と違って、古い建物がこわされて新しい建物に建て替えられていく……という歴史の積み重ねがなかった。さらに、噴火で堆積《たいせき》したのは主に軽石と火山灰だったので、繁栄のさなかにあった街が、そっくりそのままの状態で保存されている。たとえば、パン屋で焼きかけのパンなども、そのままに残されているのだ。

一世紀のローマ時代の人々が、どのような街をつくり、どのような家に住み、どのような暮らしをしていたのか、これほどはっきりわかる遺跡はほかにはない。

この遺跡のおもな観光コースのひとつとなっているものに「ヴェッティの家」がある。ポンペイのなかでも保存状態のよかった家を、ていねいに復元したものだ。

ポンペイの富裕な商人たちの邸宅はどれもよく似ていて、ローマ以前に支配者だったサムニウム人の影響を受けた「ドムス」と呼ばれるつくりだった。ポンペイに残された邸宅群は、ドムスについて知る貴重な資料となっている。ドムスの特徴としては、中庭をもち、外に面した壁には窓を設《もう》けなかった。ヴェッティの家も、柱廊下で囲まれた中庭をもち、窓がない。

装飾の様式は、時期によって四つに区分されるが、ヴェッティの家は、そのうち紀元六二年ごろにはじまる「第四様式」でつくられている。第四様式は、「幻想スタイル」とも呼ばれ、装飾的な要素を重視した幻想的な雰囲気の様式だ。

ヴェッティの家は、アウロス・ヴェッティウス・レスティトゥスとアウロス・ヴェッティウス・コンビーバという富豪の商人兄弟の家で、装飾に巨額の費用をかけている。とくに各部屋の壁は、ローマ神話などを題材にした芸術的価値の高い数々の壁画が描かれ、まるで家全体が美術館のようだ。

なかには、ぎょっとするような絵もある。玄関の右側に描かれている色鮮やかな壁画は、はかりにかけている巨大な男根の絵だ。どのような意味があるのかはっきりしないが、おそらく商売繁盛の縁起かつぎだろうといわれている。

また、玄関を入ったところにある吹き抜けのアトリウムでは、四方の軒《のき》の隅に注目してみたい。ここには動物の口の形をした雨水注出口が並び、雨水を噴水の水盤に導いていた。ポンペイの富裕な家には水道があったが、噴水には雨水も利用していたのである。

〈マリ〉ドゴン族の村と家
村も家もわざわざ人間の形に模した不思議

アフリカ大陸西部のマリ共和国に、ドゴン族と呼ばれる部族が住んでいる。壮大な宇宙観にもとづく独特の神話や、さまざまな仮面を用いて踊る宗教儀式など、魅惑的な文化を伝えてきたことで知られる人々である。

このドゴン族の集落は、バンディアガラ山地を走る大きな断層の崖下や、断層の上の岩山に点在しており、なんと人間を模してつくられている。彼らの宗教観にもとづいて、集落全体の配置が、頭を北に、足を南に向けて寝ている人体を模しているのである。

具体的には、まず、村の北端、頭頂部にあたるところに鍛冶屋《かじや》があり、頭にあたる部分に広場と「ドグナ」と呼ばれる長方形の集会所がある。ドグナは、新しく村を築くときに最初に建てられる建築物で、男たちだけが使う。このドグナでは、柱の数に注目したい。

ドゴン族の村模式図

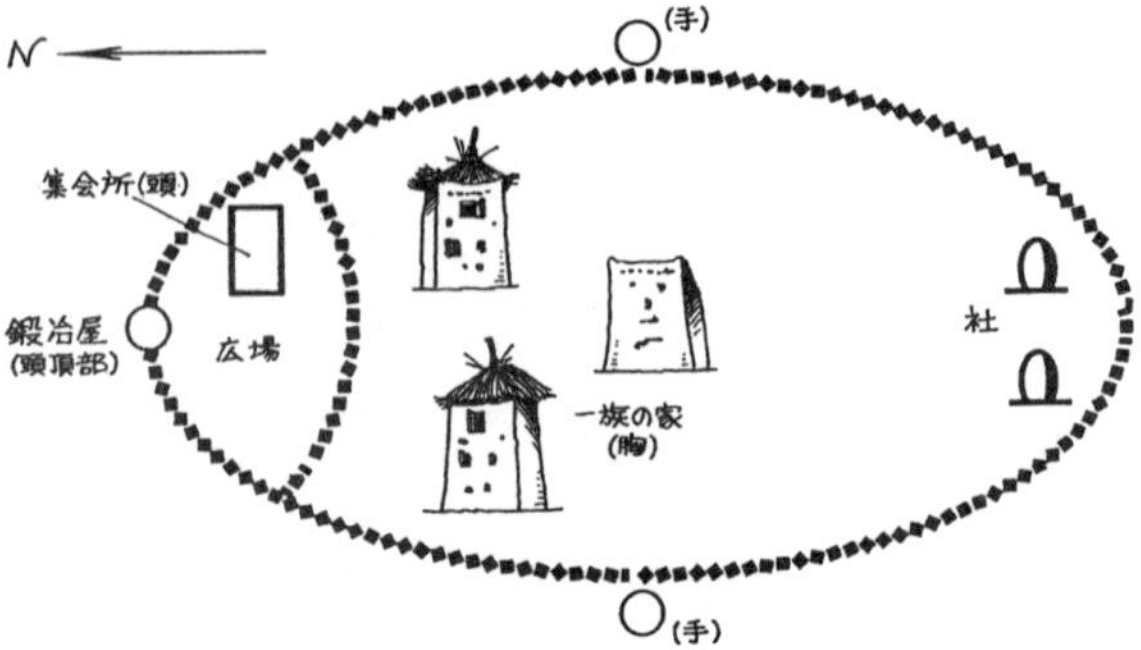

柱の数は八本と決められており、これは、ドゴン族の八人の始祖をあらわしている。ドゴン族は八人の始祖からはじまったとされており、そのため、「八」という数字は、ドグナの柱のほかにも、あらゆるところに用いられている。

村の中心、人間の胸にあたるところには、長老とその一族の家がある。その南には村人たちの家が密集している。村の東西の端は、人間の体では両手にあたるが、ここには円形の建物がひとつずつある。これは、月経中の女性が過ごすための建物だ。人間の足にあたる村の南端には、ふたつの社《やしろ》が設けられている。

ドゴン族は、村だけでなく、家も人間の形に模してつくる。彼らの家は、中央に居間兼寝室の広い部屋があり、その北に玄関、南に台所、東西に倉庫があるのがふつうである。

まず、頭にあたるところに台所が位置する。台所の上部には、採光と排気のための穴があるが、これは目とも鼻ともされる。

家の中央に位置する居間兼寝室は、人間の腹にあたる部分だ。この居間兼寝室と台所は女の領域とされ、女の領域の上にある梁《はり》は男の骨格とされる。居間兼寝室には四本の独立柱があるが、これは合体してからみあった男女の象徴とされ、ふたりの呼吸は台所上部の穴から出ていく。

居間兼寝室の両側にある倉庫は両腕にあたる。右腕にあたるのが男の倉庫、左腕にあたるのが女の倉庫だ。この部屋と玄関のあいだにある戸は女の性器とされる。玄関は人間の足にあたり、男の領域とされる。

玄関では、居間兼寝室に通じる戸と入り口の戸が向かい合っており、入り口の戸は男性の性器とされている。

また、床は大地、平らな屋根は空をあらわす。つまり、全体として部屋の配置は、あおむけに横たわっている女に男がかぶさっているという状態をあらわしているわけで、なんともなまめかしい。このドゴン族の家は、男と女、天と地の和合を象徴したものでもある。

ドゴン族の家では、この入り口の戸もよく見たい。この戸には、神や祖先をあらわした彫刻がほどこされていて、一見に値する。入り口の戸だけでなく、ドゴン族の村では、いたるところに神話を題材にした浮き彫りが見られるから、そちらも堪能《たんのう》したい。

〈チリ〉モアイ像 発見された像の目玉は何を意味するのか

イースター島の名を聞けば、だれしも思い浮かべるのが、ユーモラスな長い顔の石像「モアイ」だろう。南太平洋の小さな孤島を世界に知らしめたのは、この巨大で謎めいた石像の数々である。

モアイは、平均的なもので高さ約五メートルもある。こんな巨大な石像が、イースター島ではなんと約一〇〇〇体もつくられたのだ。

イースター島では、七～八世紀ごろから海岸地帯で小型のモアイがつくられるようになり、やがてモアイは大型化した。巨大なモアイは、一〇世紀から一七世紀にかけて、島の中心にある火山ラノ・ララクの中腹で集中的につくられた。ラノ・ララクから海岸まではモアイを運搬するための道もあり、モアイはこの道を海岸まで運ばれて、海岸地帯で、「アフ」と呼ばれる祭壇《さいだん》に安置された。

実際、モアイを見る機会があったら、目の部分に注目したい。ラノ・ララクにつくりかけで放置されているモアイには目がなく、海岸周辺にある完成したモアイには目のくぼみが彫りこまれている。どうやら、モアイの製作過程では、目は最後に彫られたものらしい。

では、目をくぼませたモアイが完成した姿だったのかというと、そうではない。かつては、モアイは目玉などをつくらず、目のくぼみだけがつくられたのかと考えられていたが、いまでは別の見方がされている。モアイの目が発見されたからだ。

最初にモアイの目が見つかったのは、アフ・ナウナウと呼ばれる遺跡である。ここには、一五世紀ごろ建てられたといわれているモアイがある。

一九七八年、このアフ・ナウナウの発掘調査をおこなっていた地元の考古学者セルジオ・ラプ氏が、倒れたモアイの下から、白サンゴの破片と丸い黒曜石《こくようせき》と赤い安山《あんざん》岩《がん》を見つけた。組み合わせてみると、白サンゴは瞳《ひとみ》の部分をくりぬいた白目で、黒曜石と安山岩は瞳だとわかった。しかも、これを倒れたモアイの目にはめてみると、ぴったり納まったのである。

さらに一九九二年九月から翌年二月にかけて、日本とチリが合同で、イースター島南東部にある最大規模の遺跡アフ・トンガリキの発掘調査をおこなったが、ここでも、白サンゴと黒曜石でつくられたモアイの目が四個出土した。

現在残されている目のないモアイはのどかな印象を受けるが、これにくっきりした目が入っていたとなると、見た感じはずいぶん違っていたことだろう。

モアイの目が見つかったことにより、イースター島に関する謎のひとつは解明された。イースター島の現地での呼び名は、よく知られている「ラパ・ヌイ（大きな島）」のほか、かつては「マタ・キ・テ・ランギ（空を見る目）」という名もあった。これが何を意味するのか、長らく謎だったのだが、モアイの目が発見されて解明した。

モアイの顔の向きを見ると、少し上を見上げている。ここに目が入っていたとすると、その視線の先には空がある。マタ・キ・テ・ランギとは、モアイの目のことだったのだ。

イースター島をはじめとするポリネシアの島々では、目には「マナ」という超自然的な力が宿るとされてきた。そして、イースター島のモアイの多くが倒されているのは、部族間の抗争によるとされている。モアイは各部族の守り神だったので、抗争になると、敵対する部族のモアイを倒したのだ。

そこから推測して、モアイの目は、敵対する部族の守り神から霊力を奪うため、意図的にくりぬかれたのだろうといわれているが、はっきりしたことはわからない。

ハンガロア村近くのアフ・コチリクのモアイには目があるが、これは、後世になってはめこまれたもの。本物のモアイの目はイースター博物館に展示されている。

〈イギリス〉ストーンヘンジ 平原に突如出現する謎だらけの巨大遺跡

ヨーロッパには、先史時代の人々が自然石を並べてつくった謎の遺跡がたくさん残されている。なかでも世界的に有名なのが、イギリス南部のソールズベリー平原にあるストーンヘンジだ。

ストーンヘンジは、円形の溝と土手の内側に、環状に並んだ穴や「サーセン円」と呼ばれる環状の巨石建造物があり、さらにその内側に、三つの巨石でつくった三石塔が五組み、馬蹄形《ばていけい》に配列されている。巨大で謎めいたこの遺跡を、むかしの人は、巨人がつくったとか、魔法使いがつくったと考えた。巨人や魔法使いでもないと、このような建造物はつくれないと思ったからだろう。

これはもちろん伝説で、人間の手によるのだが、それに要したとほうもない労力やさまざまな工夫を思えば、巨人や魔法使いがかんたんにつくったというより、むしろ創造手は

天体観測所か、それとも神殿か。ストーンヘンジがつくられた理由は、いまだ明らかではない。

人間だったというほうがドラマチックといえよう。

　このストーンヘンジは、いちどに建造されたのではなく、大きく三期に分けてつくられたことがわかっている。第一期には外周部の溝や土手などがつくられ、ヒール・ストーンという石が立てられた。第二期にはブルー・ストーンという青い石などが立てられた。第三期にはサーセン円や三石塔が築かれた。年代は、第一期は紀元前三〇〇〇年ごろ、第二期は紀元前二〇〇〇年代前半ごろ、第三期は紀元前一〇〇〇年代中ごろといわれているが、研究者によって推定年代に差がある。

　では、ストーンヘンジは、いったい何の目的でつくられたのだろうか。

　これは、天体観測所説または神殿説が有力だ。ここで太陽や月の動きを観測し、天文に関係した信仰がおこなわれていたというのである。根拠は、ストーンヘンジには天文と関係した工夫がいくつも見られるからだ。

たとえば、夏至《げし》の日の出の方向と冬至《とうじ》の日没方向を結んだ直線の上に、立石の輪の中心軸が重なる。また、中央にあるオールター・ストーン（祭壇石）から見ると、夏至の日の出はヒール・ストーンの真上から太陽が昇る。

こういった点から、天体観測所説または神殿説がほとんど公式見解になっているが、ではそれにまちがいがないのかというと、そうともいえない。ここで宗教的行事がおこなわれたという確実な証拠は見つかっていないし、また、仮に将来それが見つかったとしても、ストーンヘンジが建造されたのは別の目的で、あとから宗教的行事に転用されたという可能性も出てくるからだ。

ストーンヘンジがつくられた目的は、いまだに謎となっているのである。

さらに、ストーンヘンジには石材に関する謎もある。立てるだけでもたいへんそうな多数の巨石は、地元では産出しない。遠くから運ばれてきているのである。

たとえば、ブルー・ストーンは、南ウェールズのプレセリー山系で採掘されたといわれている。プレセリー山系からソールズベリー平原まで石材を運んでくるには、地形からいって、障害物を迂回《うかい》しながら約二四〇キロの距離を運んでこなければならない。重さ二トンほどもある巨石を何十個も遠くから運んでくるのは、相当な労力を要しただろう。

また、三石塔などに用いられたサーセン石は、マルボロー丘陵《きゅうりょう》で産出したものと考えられるが、これも三〇キロ以上の道のりがある。距離はブルー・ストーンの産地より短いが、ひとつが何十トンという重さを考えれば、労力に引けを取らない。

これほど遠くから、これほど巨大な石をどのようにして運んできたのか。また、どうして近くの石ではなく、それほど遠くの石を用いなければならなかったのか。

それらもストーンヘンジの大きな謎となっている。

巨石を遠くから運んできたのに加えて、それを建造物に組み立てたというのも驚異的である。たとえば、三石塔は、直立した石二個の上に三つ目の石をのせているが、無造作にのせているのではない。ほぞとほぞ穴をつくって、落ちてこないように固定しているのである。ほぞとほぞ穴はサーセン円にも設けられている。サーセン円の横石は、継ぎ目がぴったりと合わさり、しかも水平だ。この技術はいったいどこに由来するのだろうか。

これら第三期の巨石建造物は、建造したのは当時この地に住んでいた人々でも、エジプトなどの地中海海域から来た人々の技術が取り入れられたといわれている。それなら、ほぞとほぞ穴も地中海世界からもたらされた技術なのかもしれない。

また、これらの建造物は原地の木工職人が築いたという説もある。オーブリー・バールが『ストーンサークル』で主張している説で、原石を割り砕いて削り、磨きをかけて整え、面取りをして継ぎ目とほぞを彫りこむ……というふうに、木工職人たちが石を木材のように加工したのだという。いずれも仮説で、決定的な証拠はない。

このように、ストーンヘンジは謎だらけの建造物なのである。

〈エジプト〉ハトシェプスト女王葬祭殿
女王を讃える壁画を荒らした犯人とは

古代エジプトのファラオ（王）といえば、ふつうは男性だが、例外的に女性の身でファラオになった人物がいる。新王国時代の第一八王朝のハトシェプスト女王（在位紀元前一五〇三年ごろ～紀元前一四八二年ごろ）である。

ハトシェプストが王位につくまでの境遇は入り組んでいる。彼女は、トトメス一世と王妃とのあいだに生まれた長女で、古代エジプトの慣習によって王位継承権をもっていた。ただし、自分はファラオになれない。ファラオになるのは夫である。トトメス一世の意向で、ハトシェプストはのちのトトメス二世と結婚した。トトメス二世は、トトメス一世の側室が産んだ王子とされているが、はっきりしたことはわからない。

トトメス一世の没後、トトメス二世が即位するが、若くして死去してしまう。彼の側室が産んだトトメス三世が、ハトシェプストが産んだ王女と結婚し、幼くして王位についた。

だが、幼くて統治能力がないという理由で、結局、ハトシェプストが王位についた。彼女は、自分の像として男のファラオの姿をつくらせ、ファラオとしての権力をにぎったのである。
ハトシェプスト女王は、テーベのデイル・エル・バハリに、たいへん美しい神殿をつくった。これがハトシェプスト女王葬祭殿である。
古代エジプトの葬祭殿は、亡き王を記念する神殿で、「記念神殿」とも呼ばれる。歴代の王たちは、自分の生きているうちにこぞって葬祭殿を建設させた。
ハトシェプストが自分の葬祭殿をつくる場所として選んだのは、第一二王朝のメンチュヘテプ二世の葬祭殿の隣だった。メンチュヘテプ二世はハトシェプストより五〇〇年ほど前の王で、その葬祭殿はエジプトではめずらしいテラス式だった。おそらくハトシェプストは、メンチュヘテプ二世の優美なテラス式葬祭殿を見て、気に入ったのだろう。

また、この場所は地の利もよかった。カルナック大神殿の対岸に位置し、年に一度の「美しき谷の祭礼」で重要な場所とされていたし、岩山をはさんで、歴代ファラオの墓所である王家の谷とも隣接していた。これらも場所を選ぶときに考慮されたに違いない。

ハトシェプスト葬祭殿の設計や建築にあたったのは、女王の側近の建築家センムトだった。彼は天才建築家で、デイル・エル・バハリの地形をうまく利用した。葬祭殿の建設予定地には、岩山の瓦礫《がれき》が堆積《たいせき》していたのだが、センムトは、この瓦礫をテラスで覆って三段テラスにした。大規模な建物をつくるのに不便と思われる瓦礫を、かえって葬祭殿建設に利用したのである。

ハトシェプスト葬祭殿は、三段のテラスにギリシア建築を連想させる列柱が並び、たいへん美しい。内部には、彼女の生誕や業績を物語る数々の浮き彫りがほどこされている。

この浮き彫りを見てまわっていると、奇妙なことに気がつくかもしれない。壁画のところどころに削り取られた跡があるからだ。

だれが何のためにこんなことをしたのだろうか？

かつては謎とされていたが、現代では、ヒエログリフの解読によって彼女の生いたちや王位についた状況がわかり、だれが削り取ったのかがわかっている。彼女の次にファラオになったトトメス三世だ。

トトメス三世は、幼いときに王位につきながら、ハトシェプストに権力を奪われた。やがて成長するとともに不満が出てきたのだろう。トトメス三世が幼いという理由でハトシェプストが王位についたのだが、結局、それから二〇年以上もトトメス三世は政権を返してもらえなかった。その積年の恨みから、彼は、即位したあと、葬祭殿の壁画からハトシェプストの像を削ったり、碑文から彼女の名を削ったりしたのである。

さらに、トトメス三世は、ハトシェプストとは政策を一八〇度転換した。ハトシェプストは戦争をせず、もっぱら平和外交と通商で他国と接していたが、トトメス三世は一七回も対外遠征をおこない、「エジプトのナポレオン」とも呼ばれている。そんなトトメス三世としては、ハトシェプストの業績を否定する必要もあったのかもしれない。

〈メキシコ〉カスティヨ　高度な天文学の知識がうかがえるピラミッドの謎

中米で栄えたマヤ文明は高度な天文学の知識をもっていた。それを証明するのが、ユカタン半島のチチェン・イッツァ遺跡にある「カスティヨ」である。「カスティヨ」とはスペイン語で「城」を意味する。この建物をはじめて見たスペイン人は城だと思ってこう名づけたのだ。

カスティヨは、高さ約二三メートルの階段ピラミッドの頂上に聖堂がのった形の神殿で、マヤ文化の年代区分では後古典期前期の九〇〇～一二〇〇年に建造された。城のように堅固に見えるし、ひょっとすると非常時に城塞として使われたこともあったかもしれないが、あくまで神殿として築かれた建物である。

このカスティヨは、四面の中央に階段がある。上るときには段数を数えてみたい。各九一段ずつとなっており、四つ合わせると三六四段になる。それに聖堂に入る一段を加えると、三六五段で、一年の日数三六五日にぴったり符合する。

これは偶然の一致なのだろうか。

はっきりしたことはわからないが、一般的に、これは一年三六五日を意識してつくったもので、暦のシンボルだといわれている。マヤには一年を三六五日とする暦があったからだ。むろん、この遺跡をつくったマヤ人は西洋人とは接触がなく、西洋の太陽暦を知らなかった。マヤ人は独自に、一年は三六五日だという計算結果をだしていたのである。

また、階段ピラミッド部分は九層からなっており、まん中が階段によって二分されているから、各面一八のテラスがある。この一八という数字は、一年を一八か月とするマヤの

総段数365段のカスティヨの階段は、マヤ文明の天文学知識が高度だったことを証明している。

ハアブ暦の月数をあらわしたものだといわれている。

この九層という数字にはもうひとつ意味があるようだ。マヤ人は、世界は天上界と地上世界と地下世界に分かれ、天上界は一三層、地下世界は九層からなっていると考えていた。

寺崎秀一郎氏の『古代マヤ文明』によると、カスティヨの九層の階段ピラミッドは、一年の月数とともに、九層の地下世界の象徴でもあるという。ピラミッドと聖堂は、マヤ神話の「聖なる山」とその洞窟を模したもので、宗教行事をとりおこなう王は、聖堂から地下世界の神々と交流したのだということである。

カスティヨには、もうひとつ、必見の場所がある。チチェン・イッツァを訪れたときには、カスティヨの北階段最下部の欄干《らんかん》部分にあるヘビの彫刻にも注目したい。大きくてみごとなこのヘビの頭は、マヤ神話の神「ククルカン（羽毛のあるヘビ）」をあらわしたものだ。

ここでは、毎年、春分と秋分の午後、ドラマチックな光景が演出される。太陽の光が西側階段にさすころ、ククルカンの頭から頂上に向かってギザギザの階段のような陰影ができるのだが、これを決まった方向から見ると、ククルカンがうねうねと体をくねらせながら降臨《こうりん》してくるように見えるのだ。

この仕掛けから、カスティヨは「ククルカンのピラミッド」とも呼ばれている。このような仕掛けを生み出したことからも、チチェン・イッツァに住んでいた人々が、高度な測量と天文学の知識をもっていたことがわかる。

ちなみに、ククルカンは、もとはトルテカ族の神だが、九世紀中ごろ、トルテカ文化の影響を受けた人々がメキシコ湾岸地方からチチェン・イッツァに移住してきたとき、この地に伝わって信仰されるようになったと考えられている。チチェン・イッツァの文化は、ユカタン半島北部に以前からあったマヤ文化と、移住してきた人々がもたらしたトルテカ文化が融合《ゆうごう》して発展したものなのである。

さいごに

世界中のさまざまな名建築を紹介してきたが、いかがだっただろうか。宗教、芸術、戦争の歴史、気候への適応など、建築物には人類の営みのあらゆる要素が凝縮されていることに改めて気づかれたことだろう。

いまもなお、世界では、最新技術の粋をこらしたさまざまな建築物が続々と建てられている。現代においては、経済性を無視した建築物はありえないから、そういう意味では、膨大な民力を惜しげもなく投入し、気が遠くなるような歳月をかけてつくりあげたピラミッドのような建築物が、今後出現する可能性は低いかもしれない。

しかし、現在建てられつつある建築物のなかには、後世に高い評価を得て残されていくものもあるはずである。それは、超高層ビルや巨大な橋などとはかぎらない。芸術的な意匠をほどこした民家であったり、宗教的な建物であるかもしれない。

一〇〇年、二〇〇年後に、この建築物はいったいどうなっているだろうか……そんなことを考えながら、世界をまわるのも、また一興である。

*参考文献

『ファラオの形象　エジプト建築調査ノート』西本真一（淡交社）／『古建築の見方・楽しみ方　これで神社や仏閣の意味がよくわかる』瓜生中（ＰＨＰ研究所）／『日本型建築の歴史と未来像』菊竹清訓（学生社）／『日本建築の空間』井上充夫、『ヨーロッパの木造建築』太田邦夫、『歴史遺産　日本の町並み１０８選を歩く』吉田桂二、『エジプト古代文明の旅』仁田三夫（講談社）／『ヒンドゥ教の建築』ジョージ・ミッチェル（鹿島出版会）／『世界の民家・住まいの創造』川島宙次、『稲作と高床の国　アジアの民家』川島宙次（相模書房）／『世界の歴史と文化　オランダ・ベルギー』栗原福也（新潮社）／『建築の歴史』藤井恵介・玉井哲雄（中央公論社）／『イタリア美術史－東洋から見た西洋美術の中心』田中英道（岩崎美術社）／『建築探訪　南イタリア小都市紀行－地中海に輝くミクロポリス』野口昌夫、『ビジュアル版　西洋建築史－デザインとスタイル』長尾重武・星和彦、『建築巡礼　７　劇的な空間－栄光のイタリア・バロック－』湯澤正信（丸善）／『アジャンタとエローラ－インドデカン高原の岩窟寺院と壁画』立川武蔵（集英社）／『イギリスの大聖堂』志子田光雄・志子田富壽子（晶文社）／『建築入門　世界名作の旅１００』松永安光、『住まいを探る世界旅』茶谷正洋、『古代インド建築史紀行－神と民の織りなす世界』小寺武久（彰国社）／『朝日旅の百科　海外編３９　中国』小島茂（朝日新聞社）／『新・建築入門－思想と歴史』隈研吾（筑摩書房）／『語りかける文化遺産』神部四郎次、『スペイン・ポルトガルの古城』太田静六（吉川弘文館）／『南の国の古寺巡礼－アジア建築の歴史－』千原大五郎（日本放送出版協会）／『インド世界の空間構造－ヒンドゥー寺院のシンボリズム』小倉泰（春秋社）／『新・大地の家　ユーラシア・人と住まいの風景』鈴木喜一、『建築ライブラリー９　集落探訪』藤井明（建築資料研究社）／『西洋建築入門』森田慶一（東海大学出版会）／『世界の古塔』佐原六郎（雪華社）／『客家見聞録』緒方修（現代書館）／『空間の深層－物語としての建築』渡辺豊和、『住まいはかたる』佐藤浩司編（学芸出版社）／『ローマの教会巡り』小畑紘一（誠文堂新光社）／『ヨーロッパの宮殿』太田静六（理工図書）／『空間体験　世界の建築・都市デザイン』日本建築学会編（井上書院）／『日本建築の鑑賞基礎知識』平井聖・鈴木解雄（至文堂）／『図説　世界の民家・町並み事典』吉田桂二（柏書房）／『ヨーロッパ建築史』西田雅嗣（昭和堂）

夢新書のマスコットは"知の象徴"と
されるフクロウです(マーク:秋山 孝)

この建築物が
「凄い!」といわれる理由

2002年9月1日　初版発行

著者――ロム・インターナショナル
発行者――若森繁男
発行所――株式会社河出書房新社
〒151-0051 東京都渋谷区千駄ヶ谷2-32-2
電話(03)3404-1201(営業)
http://www.kawade.co.jp/
企画・編集――株式会社夢の設計社
〒162-0801 東京都新宿区山吹町261
電話(03)3267-7851(編集)
装幀――印南和磨
印刷・製本――中央精版印刷株式会社

ISBN4-309-50251-2